Collection folio junior

Titre original :
Redcoats and Minutemen

Simon Farrell
et Jon Sutherland

Pour l'Indépendance !

Histoire/4

*Traduit de l'anglais
par C. Degolf*

Illustrations de A. Paul Collicutt

Gallimard

Voici une nouvelle série de Livre dont VOUS êtes le Héros, « Histoire », des livres-jeux historiques qui vont vous entraîner dans le passé et vous permettront de vivre par vous-même de grands moments de l'histoire.
Dans cette série, vous devenez un homme de l'époque, amené à prendre une succession de graves décisions qui vous font pénétrer au cœur des événements et de la vie quotidienne de cette période. Vous ferez la connaissance de personnages historiques célèbres, vous leur parlerez, vous serez dans la confidence de leurs pensées et de leurs actes, peut-être même pourrez-vous influer personnellement sur leurs résolutions !
Chaque fois que vous vous trouverez devant une alternative, pesez soigneusement le pour et le contre, car, en ces temps troublés, bien des dangers guettent les imprudents, et un choix malheureux risquerait de mettre un terme à votre aventure avant même qu'elle n'ait réellement commencé.
Vous trouverez dans ce livre les règles du jeu des livres-jeux historiques (vous aurez besoin d'un crayon, d'une gomme et deux dés à jouer ordinaires, ces derniers pouvant être remplacés par la Table de Hasard de la page 27), un résumé des événements dont le monde est alors le théâtre, et la description détaillée du personnage que vous allez incarner et de ce que l'on peut attendre de vous.

En pages 10 et 11, vous trouverez une Feuille d'Aventure (et une Feuille de Combat) sur laquelle vous pourrez inscrire tous les détails d'une partie. Nous vous conseillons de noter vos points dans les cases correspondantes de cette Feuille d'Aventure avec un crayon, ou mieux, de faire des photocopies de ces deux pages afin de pouvoir les utiliser lorsque vous jouerez à nouveau.

Feuille d'Aventure

TALENTS	(de 2 à 12)
Force	
Agilité	
Chance	
Diplomatie	
Adresse	
Habileté	
Equitation	

ENDURANCE $\left(\frac{\text{Force}}{2}\right.$: arrondie au chiffre supérieur)

Feuille de Combat

Talent : Arme : Endurance :	Talent : Arme : Endurance :
Talent : Arme : Endurance :	Talent : Arme : Endurance :
Talent : Arme : Endurance :	Talent : Arme : Endurance :
Talent : Arme : Endurance :	Talent : Arme : Endurance :

L'Amérique à la fin du XVIIIe siècle

En 1775, date à laquelle votre aventure commence, l'Amérique se compose de 13 colonies anglaises : la Virginie, le Massachusetts, le New York, le Delaware, le New Jersey, le New Hampshire, le Maryland, les deux Carolines (nord et sud), la Pennsylvanie, la Georgie, le Connecticut et le Rhode Island, placées sous l'autorité d'un gouverneur nommé par le roi d'Angleterre — George III à cette époque. Néanmoins, depuis de nombreuses années, chacune de ces colonies s'est dotée d'assemblées politiques élues par les propriétaires. Assemblées qui, votant le budget, se sont habituées à une certaine indépendance, au point d'en venir peu à peu à refuser les charges fiscales imposées par Londres. Des charges, selon elles, injustes et intolérables. Déjà des troubles graves ont éclaté à ce propos : en 1770, par exemple, à Boston, où une foule de manifestants, venus protester aux abords du bureau des Douanes contre les nouveaux droits d'importation frappant les Américains, est violemment dispersée par les gardes britanniques qui ouvrent même le feu, tuant cinq personnes. Une révolution ouverte est évitée de justesse.
La situation s'aggrave en 1773, lorsque le gouvernement anglais, en proie à une grave crise financière,

impose la très impopulaire loi sur le Thé permettant à la Compagnie des Indes orientales d'approvisionner le marché américain en thé sans acquitter la moindre taxe, les consommateurs, quant à eux, étant toujours taxés ! Le 16 décembre, toujours à Boston, une centaine de patriotes américains montent à bord de trois navires de la Compagnie, et jettent leur cargaison de thé par-dessus bord. Furieux, les Anglais répliquent en envoyant, en 1774, quatre régiments placés sous les ordres du général Gage. Ce qui ne fait qu'accroître la tension. Les Américains s'arment, en même temps qu'un Congrès se réunit à Philadelphie pour décider de l'attitude à adopter face aux Anglais. Le moindre incident suffirait, alors, pour que la guerre éclate...

Glossaire

Cornwallis (Charles Mann, lord Brome, *marquis de*). – Londres, 1738 ; Inde, 1805. Général anglais qui, après s'être illustré en Europe durant la guerre de Sept Ans, fut sur les champs de bataille américains l'un des plus redoutables adversaires de Washington. Il dut néanmoins capituler à Yorktown, en 1781.

Franklin (Benjamin). – Boston, 1706 ; Philadelphie, 1790. Autodidacte, il est tout d'abord journaliste, puis comptable, imprimeur, éditeur, maître général des postes d'Amérique. Inventeur, on lui doit, entre autre, le calorifère et le paratonnerre. C'est grâce à ses talents de diplomate, que la France entra en guerre contre l'Angleterre aux côtés des États-Unis.

Grasse (François Joseph Paul, *marquis de* Grasse-Tilly, *comte de*). – Le Bar, Provence, 1722 ; Paris, 1788. Chef d'escadre, il participe à la guerre d'Indépendance des États-Unis de 1780 à 1782.

La Fayette (Marie Joseph Paul Yves Roch Gilbert **Motier,** *marquis de*). – Chavaniac, Auvergne, 1757 ; Paris, 1834. Lié à Benjamin Franklin, il part en Amérique, en 1777, pour combattre aux côtés des insurgés. De retour en France, il plaide la cause des États-Unis auprès du roi Louis XVI, puis retourne en Amérique où il finira la guerre comme maréchal de camp.

Loyaliste. Nom donné aux colons américains qui combattaient avec les Anglais.

Minuteman. Dans chaque ville, dans chaque village américain, avaient été créées des milices pour combattre les Anglais. Un milicien devait pouvoir se mobiliser « dans la minute » – d'où le nom de Minuteman.

Patriote. Colon américain favorable à l'Indépendance.

Rébellion. C'est ainsi que les Anglais et les Loyalistes nommaient le mouvement d'indépendance américain.

Rochambeau (Jean-Baptiste Donatien de Vimeur, *comte de*). – Vendôme, 1725 ; Thoré, Orléanais, 1807. Officier, dès 1742. Nommé lieutenant général, il commande les 6 000 hommes envoyés à l'aide des Américains. Après avoir rejoint Washington sur l'Hudson, il contribue à la prise de Yorktown, en 1781.

Tuniques Rouges. Nom donné aux soldats de l'armée anglaise, en référence à la couleur de leur veste d'uniforme.

Washington (George). – Virginie, 1732 ; Mount Vernon, 1799. En 1775, il prend le commandement de l'armée américaine qu'il mènera à la victoire, beaucoup plus, d'ailleurs, de par son courage et sa ténacité que de par ses qualités militaires. Il fut le premier président des États-Unis.

Quelques dates

1765
Mars. Le Parlement de Londres impose aux colonies américaines le *Stamp Act* ou droit de timbre. Tout acte officiel de même que tout écrit public — diplôme universitaire, livre, jeu de carte, etc. — est frappés d'une taxe.
Octobre. Pour protester contre le *Stamp Act*, les assemblées coloniales envoient à New York des délégués qui se réunissent en Congrès, et décident le boycottage de toutes les marchandises en provenance d'Angleterre.

1766
Janvier. Benjamin Franklin est à Londres. Il défend l'attitude des colons.
Mars. Le *Stamp Act* est abrogé ; mais le Parlement rédige une loi qui lui reconnaît toute autorité et tout pouvoir de légiférer dans les colonies d'Amérique.

1767
Mai. Le Parlement de Londres adopte la loi Thownshend (du nom du chancelier de l'Échiquier — ou ministre des finances). Cette loi fixe de nouveaux droits d'importation sur divers produits arrivant dans les ports américains — verre, plomb, peinture, papier, thé. Une mesure qui entraîne un nouveau boycottage.

1770
Mars. A Boston, des manifestants se heurtent aux soldats anglais près du bureau des Douanes. Une fusillade s'ensuit, faisant cinq morts parmi les manifestants.

1773
Mai. La compagnie des Indes Orientales étant au bord de la faillite, le Parlement de Londres l'autorise à écouler son thé sur le marché américain, au détriment des importateurs des colonies. Le mécontentement s'accroît.
Décembre. Une centaine de patriotes américains déguisés en Indiens montent à bord de trois navires de la compagnie des Indes Orientales. Ils jettent leur chargement de thé par-dessus bord. Cet événement est célèbre sous le nom de *Boston tea party*.

1774
Mars. Furieux de ce qui est arrivé à Boston, le Parlement londonien adopte cinq lois pour punir les Américains. La première impose la fermeture du port de Boston. Ces lois connues sous le nom de *Intolerable Acts* font souffler un vent de révolte sur les treize colonies.
Mai. Le général anglais Gage débarque à Boston, à la tête de quatre régiments, pour rétablir l'ordre.
Septembre. A Philadelphie s'ouvre le premier Congrès continental, qui réunit des représentants de toutes les colonies à l'exception de la Georgie. Les « radicaux » imposent leur point de vue face aux « modérés ». Les Américains s'apprêtent à prendre les armes.

1775
Année marquant, d'après la tradition historique, le début de la guerre d'Indépendance.

Avril. Le 19 avril, des incidents éclatent à Lexington puis à Concord — deux petites villes situées à moins de trente kilomètres de Boston — entre troupes anglaises et patriotes américains, faisant de nombreux morts des deux côtés. Les Anglais se replient dans Boston, devant laquelle l'armée américaine met le siège.
Mai. Les Américains s'emparent de fort Ticonderoga, au bord du lac Champlain, et de son artillerie.
Juin. Le colonel George Washington est nommé commandant en chef de l'armée américaine par le Congrès réuni à Philadelphie.
Juin. Bataille de Bunker Hill. Les Anglais prennent d'assaut une redoute érigée par les Américains ; mais ils subissent de lourdes pertes.

1776
Mars. L'artillerie prise à fort Ticonderoga est placée sur les hauteurs dominant Boston. Les Anglais abandonnent la ville.
Juillet. Le 4 juillet, le Congrès vote la déclaration d'Indépendance.
Juillet/décembre. Plus de trente mille soldats de l'armée anglaise débarquent à proximité de New York. Washington recule vers Philadelphie. Le Congrès quitte cette ville pour aller s'installer à Baltimore.
Décembre. Les Américains prennent les villes de Trenton et de Princeton, faisant de nombreux prisonniers.
Décembre. Benjamin Franklin est à Paris pour défendre la cause des États-Unis auprès du roi Louis XVI. Les Français ne veulent pas encore prendre parti. Cependant, des volontaires enthousiastes partent rejoindre Washington. Parmi eux La Fayette et l'Allemand von Steuben.

1777
Septembre. Washington est battu à Brandywine Creek, non loin de Philadelphie.
Octobre. Nouvelle défaite américaine à Germantown.
Octobre. Victoire du général américain Gates à Saratoga.
Hiver 77/78. Washington a pris ses quartiers d'hiver à Valley Forge, non loin de Philadelphie. L'hiver est terrible, les vivres sont rares. Les désertions sont nombreuses.

1778
La France intervient.

Février. Un traité est signé entre les États-Unis et la France. Traité précisant, entre autres, une alliance entre les deux pays si l'Angleterre et la France entrent en guerre.
Juin. La guerre éclate entre la France et l'Angleterre.

1779
6 000 Français, sous les ordres de Rochambeau, débarquent en Amérique. L'Espagne entre à son tour dans la guerre contre l'Angleterre, ainsi que les Provinces-Unies.

1781
Mai. Alors qu'une puissante escadre française, commandée par de Grasse, fait voile vers l'Amérique, Washington et Rochambeau décident de se porter à sa rencontre. Ils mettent le siège devant Yorktown, en Virginie.
Octobre. Le 19 octobre, le général anglais Cornwallis, commandant la garnison de Yorktown, se rend sans

conditions aux Franco-Américains. Cette bataille sera décisive et conduira à la fin de la guerre.

1782
Mars. Premières négociations pour la paix, à Paris, entre Anglais et Américains.

1783
Février. Un armistice est déclaré.
Septembre. Un traité de paix est signé à Paris entre Anglais et Américains, reconnaissant l'indépendance des États-Unis d'Amérique.

Les sept talents

Il existe sept domaines principaux dans lesquels un Héros, en ces temps troublés, doit faire preuve de compétence. Le niveau de ses capacités dans chacun de ces sept talents se traduit par un chiffre compris entre 2 (le plus bas) et 12 (le plus élevé).
Le choix de vos talents dépend uniquement de vous. Au début du jeu, vous êtes crédité d'un total de 50 points, que vous pouvez répartir comme vous l'entendez entre vos sept talents, à condition d'attribuer à chacun un minimum de 2 points et qu'aucun d'entre eux n'en reçoive plus de 12.
Dans *Pour l'Indépendance !* les sept talents sont les suivants : Force, Agilité, Chance, Diplomatie, Adresse (armes à feu), Habileté (armes blanches) et Équitation. Lisez les précisions données ci-après sur chacun de ces talents et examinez le Modèle de Héros figurant à la page 28 avant de répartir vos points et de noter vos totaux sur votre Feuille d'Aventure, à la page 10.

Force : elle représente votre aptitude à supporter ou à infliger des dommages. Lorsque vous avez déterminé le nombre de points que vous désirez attribuer à la Force et rempli la case appropriée de votre Feuille d'Aventure, divisez ce chiffre par deux (en arrondissant, au besoin, au chiffre supérieur : si, par exemple, votre total de Force est 7, la moitié arrondie est 4) et inscrivez le résultat en face de la mention Endurance de votre Feuille d'Aventure.

Agilité : ce talent vous permet de vous tirer d'un mauvais pas en esquivant un coup d'épée, en sautant par une fenêtre ou en vous mettant rapidement hors d'atteinte.

Chance : dans certaines occasions, vous n'aurez pas d'autre solution que de remettre votre vie entre les mains du destin. Il est souvent utile d'être très chanceux !

Diplomatie : certaines circonstances exigeront de la subtilité. Si vous êtes pris au dépourvu, sans arme ni possibilité de fuite, un peu de Diplomatie vous permettra souvent de vous tirer d'affaire.

Adresse : vous serez parfois armé d'un fusil ou d'un mousquet. L'Adresse peut faire toute la différence entre tuer ou se faire tuer. C'est un talent extrêmement précieux si vous être provoqué en duel.

Habileté : le combat à l'épée est la forme d'affrontement la plus courante à cette époque. Un homme décidé, sachant manier l'épée avec suffisamment d'Habileté, peut être redoutable.

Équitation : dans les situations délicates, un cavalier doit savoir faire preuve d'une grande habileté. Ce talent est votre aptitude à tirer le meilleur parti possible de votre monture avec un minimum de risques.

Utilisation des talents

Combat

Au cours de l'aventure, vous serez parfois obligé de vous battre. Bien que cette issue puisse le plus souvent être évitée par des décisions judicieuses, vous n'aurez pas toujours intérêt à esquiver l'affrontement. Dans ces cas-là, le paragraphe dans lequel le combat a lieu vous donnera toutes les indications utiles. On vous dira trois choses : quelle arme vous devez utiliser (si vous avez le choix, on vous le précisera), quel genre d'adversaire vous affrontez, et le numéro du paragraphe auquel vous devrez vous rendre selon que vous serez vainqueur ou vaincu.
Votre antagoniste sera décrit de la façon suivante :

TUNIQUE
ROUGE HABILETÉ : 7 ENDURANCE : 4

Chaque fois que vous vous apprêterez à livrer un combat, notez sur la Feuille de Combat les caractéristiques de votre adversaire et les vôtres. Ces caractéristiques comprennent le talent de votre adversaire dans le maniement de l'arme utilisée, son total d'Endurance, votre propre talent (sauf indication contraire, vous devez utiliser la même arme que votre adversaire ; si, par exemple, il se bat à l'épée, c'est votre Habileté qui entre en compte), votre total actuel d'Endurance et — c'est le plus important ! — le numéro du paragraphe où a lieu le combat.
L'issue du combat est facile à déterminer. Lancez deux dés : si le nombre de points obtenu est *inférieur ou égal* à votre total de talent, vous avez touché votre adversaire en lui infligeant une blessure. (Si vous n'avez pas de dés, utilisez la Table de Hasard de la

page 27 en vous conformant au mode d'emploi.) Avec une arme blanche (talent d'Habileté) ou à mains nues (talent de Force), vous réduisez de 1 point l'Endurance de votre adversaire chaque fois que vous lui infligez une blessure. Avec un pistolet ou un fusil (talent d'Adresse), vous la réduisez de 2 points. Déduisez du total d'Endurance de votre adversaire le nombre de points correspondant à la blessure que vous lui avez infligée.
Après avoir lancé les dés pour votre propre Assaut, vous en faites autant pour le compte de votre adversaire. Si le nombre de points que vous faites alors est *inférieur ou égal* à son total de talent, il vous atteint et vous inflige une blessure. Déduisez de votre propre total d'Endurance le nombre de points correspondant. Vous les récupérerez lorsque vous ferez soigner votre blessure.
Le combat se poursuit de cette manière, en lançant les dés alternativement pour vous-même et pour votre adversaire, jusqu'à ce que l'un de vous deux soit tué en recevant suffisamment de blessures pour que son total d'Endurance soit réduit à zéro. La mort de chacun des combattants intervenant aussitôt que son total d'Endurance est réduit à zéro, il est indispensable de modifier ce total après chaque blessure.
La plupart du temps, vous aurez le bénéfice du premier Assaut. Si tel n'est pas le cas, cela vous sera clairement précisé dans le paragraphe.
Si, à un moment quelconque du combat, vous faites un double 1, ou si vous pointez un 2 sur la Table de Hasard, vous tuez automatiquement votre adversaire. Malheureusement, la règle s'applique également dans l'autre sens : si vous faites un double 1 ou si vous pointez un 2 sur la Table de Hasard pour le compte de votre adversaire, c'est vous qui êtes tué.

En cas de combat rapproché, que ce soit à l'épée ou à mains nues, vous avez le droit d'adopter une règle facultative : vous pouvez décider, au début de l'Assaut, de diviser votre total de talent par deux (en arrondissant au chiffre supérieur). Cela diminue vos chances d'atteindre votre adversaire, mais, quand viendra son tour de vous attaquer, son talent sera également réduit de moitié, et il aura plus de mal à vous atteindre. Ce qui peut être un avantage s'il est plus fort que vous.

Autres talents

Au cours de votre aventure, vous aurez l'occasion d'utiliser vos autres talents. Vous pourrez, par exemple, avoir à convaincre une sentinelle de vous laisser passer (talent de Diplomatie), ou à vous en remettre à la Chance pour vous tirer d'une situation inextricable.

Chaque fois que l'on vous demandera de faire appel à l'un de vos autres talents, lancez deux dés en essayant d'obtenir un nombre de points *inférieur ou égal* à votre total dans le talent considéré. (Si vous n'avez pas de dés, utilisez la Table de Hasard de la page en vous conformant au mode d'emploi.) Si vous y parvenez, vous serez prié de vous rendre à un certain paragraphe. Si vous échouez, vous devrez gagner un autre paragraphe.

Pour venir à bout d'une entreprise, vous serez parfois forcé de tester avec les dés plusieurs talents différents.

Table de Hasard

Si vous n'avez pas de dés à portée de la main, vous pouvez utiliser à la place le tableau ci-dessous. Posez simplement le livre ouvert devant vous, fermez les yeux, et pointez l'extrémité non taillée d'un crayon sur l'un des chiffres de la Table en laissant faire le hasard. Ouvrez alors les yeux et regardez quel chiffre vous avez touché. Si, dans un paragraphe quelconque, on vous demande un nombre compris entre 1 et 6, procédez de la même manière mais divisez le chiffre obtenu par deux, en arrondissant au chiffre inférieur.

10	7	11	4	7	9	9	5	4	12	10	8
5	5	6	3	6	10	7	7	8	8	7	3
6	8	11	7	9	5	2	4	8	6	6	9
11	6	7	11	8	3	5	7	10	6	12	9
7	9	7	3	10	6	5	4	8	8	7	5
6	6	9	8	2	10	5	4	8	7	4	9
5	4	8	9	7	7	7	8	6	12	5	6
7	11	8	6	4	7	8	3	9	2	8	7
5	6	11	9	9	3	10	4	6	5	10	10

Modèle de Héros

Force :	12	En cas de combat, ou s'il a décidé d'enfoncer une porte, il ne sera pas facile de lui tenir tête.
Agilité :	5	Pas très agile. Ne comptez pas sur ce talent en cas de pépin.
Chance :	8	Relativement élevée. Le Héros est un veinard.
Diplomatie :	6	Talent moyen. Devrait pouvoir se sortir d'un mauvais pas.
Adresse :	8	Pas un tireur d'élite, mais devrait toucher la cible plus souvent qu'il ne la manque.
Habileté :	7	Escrimeur standard. Pourra tenir sa place dans un combat à l'épée.
Équitation :	4	Pas fameux ! Pas de voltige équestre pour ce Héros.
Endurance :	6	Doté d'une grande vigueur physique, ce Héros est capable de supporter de nombreuses blessures. Il devrait survivre longtemps.

Remplissez la Feuille d'Aventure au crayon pour pouvoir en modifier facilement les différentes caractéristiques et la réutiliser ultérieurement. Rien ne vous oblige à adopter les scores de talent figurant dans le Modèle de Héros : c'est à vous de déterminer le nombre de points que vous entendez affecter à chaque talent, pourvu que le total de tous ces points s'élève à 50. Procédez de même pour la Feuille de Combat. Ses huit cases ne seront peut-être pas de trop pour vous amener à la fin de votre aventure.

Portrait du Héros

Votre nom est Nathan Deane, et vous exploitez une petite ferme au sud de Lexington, dans le Massachusetts. Votre famille vous a depuis longtemps quitté, pour faire route vers la Californie, dans l'espoir de trouver là-bas des terres vierges et fertiles. Vous ne l'avez pas suivie dans cette aventure car vous aimez trop le pays qui vous a vu naître. Cependant, les mouvements de révolte qui ont secoué l'Amérique ces dernières années ne laissent pas de vous inquiéter. Et lorsque vous apprenez que des armes ont été entreposées à Concord, une petite ville située non loin de Lexington, vous vous doutez que c'en est fait de votre tranquillité. Il est évident que les Anglais vont chercher à s'emparer des armes. A plusieurs reprises vos voisins vous ont demandé de faire partie de la milice locale. Mais vous avez toujours refusé, vous considérant comme un fidèle sujet du roi d'Angleterre. Néanmoins les soldats anglais se comportent plus comme des occupants que comme des hommes chargés de défendre votre pays...
En ce petit matin du 19 avril 1775, alors que le soleil n'est pas encore apparu à l'horizon, vous êtes réveillé par un bruit de galop. Vite, vous vous précipitez dans la cour de votre ferme. Pour voir surgir devant vous le capitaine Parker, commandant la milice de Lexington. Son cheval couvert d'écume vous fait penser qu'il a couvert une longue distance au cours de la nuit. Mettant pied à terre, le capitaine s'avance vers vous. A l'évidence, l'arrivée de cet homme va changer le cours de votre destin ! Rendez-vous au **1**.

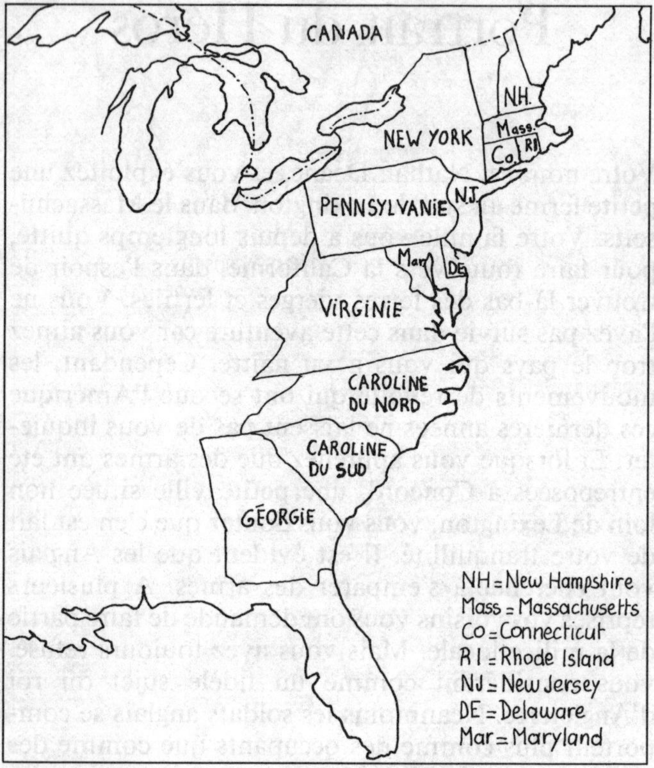
CANADA
NEW YORK
NH.
Mass.
Co.
RI
N.J.
PENNSYLVANIE
Mar
DE
VIRGINIE
CAROLINE DU NORD
CAROLINE DU SUD
GÉORGIE
NH = New Hampshire
Mass = Massachusetts
Co = Connecticut
RI = Rhode Island
NJ = New Jersey
DE = Delaware
Mar = Maryland

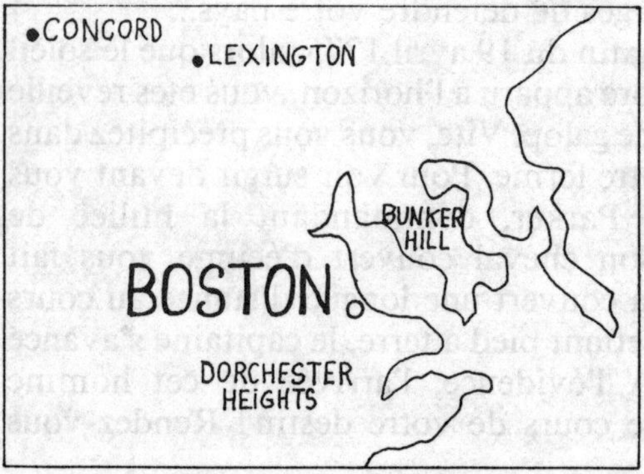
CONCORD
LEXINGTON
BUNKER HILL
BOSTON
DORCHESTER HEIGHTS

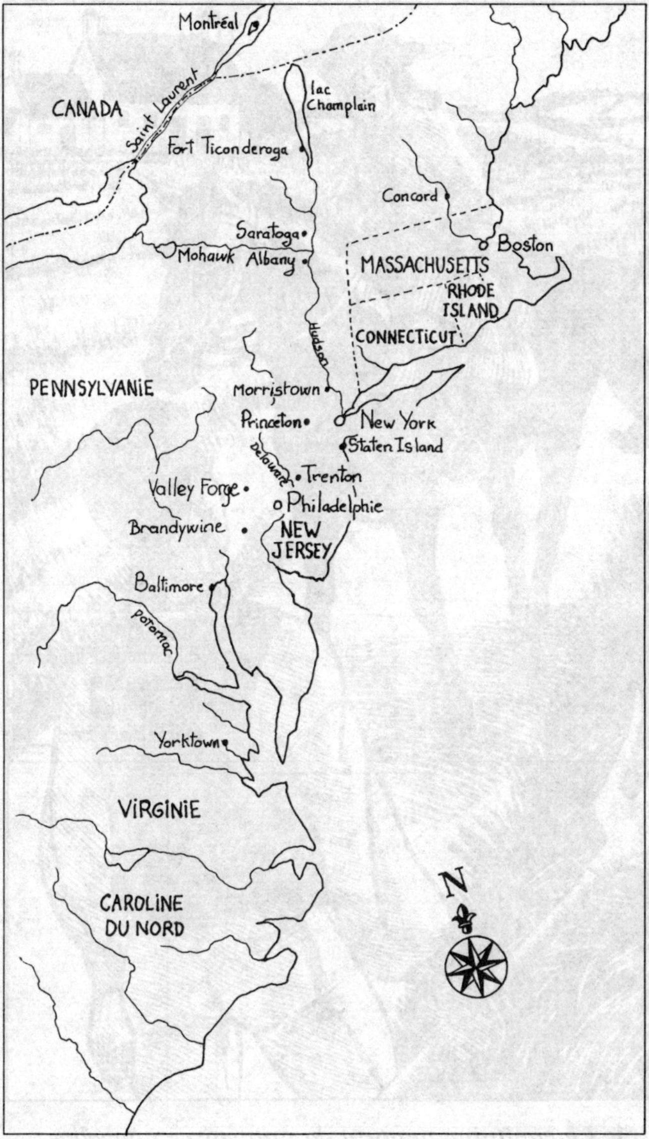
Montréal
CANADA
Saint Laurent
lac Champlain
Fort Ticonderoga
Concord
Saratoga
Boston
Mohawk
Albany
MASSACHUSETTS
RHODE ISLAND
Hudson
CONNECTICUT
PENNSYLVANIE
Morristown
Princeton
New York
Staten Island
Delaware
Trenton
Valley Forge
Philadelphie
Brandywine
NEW JERSEY
Baltimore
Potomac
Yorktown
VIRGINIE
CAROLINE DU NORD
N

1 *Le capitaine apporte de mauvaises nouvelles.*

1

— Bonjour, Nathan, dit le capitaine, en mettant pied à terre. J'apporte de mauvaises nouvelles. Les Anglais ont quitté Boston et nous pensons qu'ils seront à Lexington aux premières lueurs du jour.
— Qu'attendez-vous de moi ? demandez-vous, tout en sachant pertinemment ce qu'il veut.
— Venez avec vos hommes et rejoignez-nous sur la place. Nous allons défier le roi et repousser ses hommes. Il ne sera pas dit qu'ils feront régner la terreur ici, vous répond-il.
L'instant que vous aviez redouté durant ces dernières semaines est arrivé. Vous doutez que la milice puisse avoir la moindre chance contre des soldats professionnels réputés pour être les meilleurs du monde. Tous ceux qui s'opposent aux Tuniques Rouges s'opposent au roi — le plus imposant et le plus puissant symbole d'autorité au monde. Vous savez que le châtiment ne se fera pas attendre et qu'il sera impitoyable. Mais si vous refusez votre aide, vous serez rejeté par vos voisins qui vous rendront la vie intolérable. La décision n'est pas facile à prendre ! Allez-vous accompagner le capitaine Parker à Lexington pour affronter l'armée (rendez-vous au **103**) ou refuser et vous tenir à l'écart de cette guerre — au moins pour le moment (rendez-vous au **254**) ?

2

Sans perdre une minute, vous disposez vos hommes de chaque côté du chemin. Quelques instants plus tard les cavaliers apparaissent. Ce sont des Loyalistes, et ils sont au nombre de sept. Sans se douter du danger, ils avancent au pas, en devisant paisiblement. Vous vous surprenez à penser que les choses seraient plus simples, si vous n'aviez à combattre que les Tuniques Rouges. Parviendrez-vous jamais à convaincre les Américains fidèles au roi de vous rejoindre ?... Mais il n'est plus temps de rêver car les cavaliers arrivent maintenant à votre hauteur. D'un signe de la main, vous commandez à vos compagnons d'ouvrir le feu. Lancez deux dés. Si le résultat obtenu est supérieur à 6, rendez-vous au **163**. Si le résultat est inférieur à 7, rendez-vous au **118**.

3

Empoignant votre arme, vous vous mettez à courir. Tout d'abord surpris, vos compagnons ne tardent pas à comprendre que vous vous enfuyez, et ils vous abreuvent de quolibets et d'injures. Sans leur prêter la moindre attention, vous franchissez les lignes de défense, et vous dévalez la colline. Ne comprennent-ils pas qu'ils n'ont aucune chance, et qu'ils vont mourir de la façon la plus stupide qui soit ? Bientôt ils sont loin derrière vous, et vous ne les entendez plus ; mais vous n'arrêtez pas votre course pour autant. Soudain, un homme de forte stature se dresse devant vous. C'est un officier. Un officier américain ! Il ne vous est pas possible de voir ses yeux cachés par une pointe de son tricorne. En revanche, l'expression de colère que vous lisez sur son visage ne laisse aucun doute quant à son humeur. Vite, il faut prendre une décision. Si vous décidez de vous arrêter, rendez-vous au **273**. Mais si vous préférez tenter de lui échapper, rendez-vous au **107**.

4

Sans hésiter, vous vous portez à l'avant du régiment.

— Pour l'Indépendance de l'Amérique ! hurlez-vous, repoussons l'ennemi !

Les balles anglaises sifflent autour de vous, mais vous n'en avez cure. Devant votre détermination Mercer reprend courage. Retrouvant son sens du commandement, il déploie le régiment tout entier. Un feu nourri ralentit un instant les lignes ennemies mais, inexorablement, elles reprennent leur avance. Et soudain, elles chargent, baïonnette au canon. Deux Tuniques Rouges se ruent vers vous, et vous allez devoir les affronter l'épée à la main.

	HABILETÉ	ENDURANCE
Premier TUNIQUE ROUGE	5	2
Second TUNIQUE ROUGE	7	3

Si vous êtes vainqueur, rendez-vous au **168**. Si vous êtes vaincu, rendez-vous au **212**.

5

Visant l'un des Tuniques Rouges aux jambes, vous pressez la détente de votre arme. Mais votre balle ne fait qu'effleurer l'homme. Plus adroits que vous, les hommes de Tobias font mouche, tuant net les deux Anglais. Quelque peu écœuré par une telle violence, vous vous éloignez à toutes jambes sous les rires moqueurs des Minutemen. Et c'est longtemps après que vous vous arrêtez enfin, hors d'haleine, pour reprendre vos esprits. Qu'allez-vous faire maintenant ? Inutile de partir à la recherche de votre chariot : vous ignorez où ce maudit John a pu le conduire. Et vous n'avez plus aucune raison de vous rendre à Concord. Mieux vaut regagner votre ferme. C'est bien désabusé que vous vous mettez en route. Rendez-vous au **171**.

6

Après avoir confectionné un abri sommaire pour les blessés, vous repartez en direction de l'avant-poste.

Mais les Anglais ont été prévenus de votre présence par les Loyalistes, et ils vous attendent de pied ferme. A peine vous ont-ils aperçus qu'ils ouvrent le feu. *Testez votre Chance.* Si les dés vous sont favorables, rendez-vous au **128**. Sinon, rendez-vous au **279**.

7

Pendant un mois entier, vous bivouaquez aux portes de New York, vous attendant à voir surgir l'armée anglaise commandée par le général William Howe d'un instant à l'autre. Mais rien ne se produit. Enfin, le 21 août, vous apprenez que l'ennemi vient de débarquer à Long Island. Le dénouement est proche. Il sera rapide. Le 27 août, les Tuniques Rouges passent à l'attaque. Malgré leur bravoure, les soldats américains ne tardent pas à reculer, dominés par un adversaire bien plus aguerri au combat. Et l'armée tout entière ne doit qu'au mauvais temps de ne pas être taillée en pièces. Votre régiment a réussi à se réfugier dans New York. Mais pour peu de temps car, les Anglais ayant reçu des renforts, ils marchent sur la ville que vous devez abandonner. En octobre, l'armée américaine se regroupe à White Plains, au nord de New York. Les Anglais attaquent une fois de plus et, une fois de plus, ils infligent une sanglante défaite à Washington, vous obligeant à fuir encore plus loin, vers le nord. Bientôt, la retraite de l'armée est barrée par l'Hudson. Les Anglais avancent toujours. C'est alors que vous êtes détaché de votre régiment, pour prendre le commandement d'une petite colonne chargée de retarder l'ennemi. Rendez-vous au **195**.

8

Au moment même où vous vous élancez, l'homme tourne la tête vers vous et, vous apercevant, il vous met en joue et fait feu. *Testez votre Agilité.* Si les dés vous sont favorables, rendez-vous au **229**. Sinon, rendez-vous au **279**.

9

Les balles sifflent autour de vous, mais par miracle aucune ne vous atteint. Cependant, dans la panique qui vous a gagné, vous courez presque à l'aveuglette. Et vous heurtez l'un de vos compagnons de plein fouet, ce qui vous fait rouler à terre. D'un bond, vous vous relevez. Pour vous retrouver face à un Tunique Rouge armé, comme vous l'êtes vous-même, d'une épée. Impossible d'échapper au combat.

TUNIQUE
ROUGE HABILETÉ : 8 ENDURANCE : 4

Si vous êtes vainqueur, rendez-vous au **213**. Sinon, rendez-vous au **212**.

10

En poussant des hurlements, vos hommes se ruent, baïonnette au canon, sur les Loyalistes. L'espace d'un instant, ils paraissent vouloir résister. Mais ils réalisent vite que devant votre supériorité numérique — vous êtes trente, et ils ne sont que six —, leur vie ne pèserait pas lourd ! Aussi, ils jettent leurs armes à terre et lèvent les bras. Comme il vous est impossible de vous encombrer de prisonniers, vous les enfermez dans une grange. Puis vous divisez votre petit groupe en deux : six hommes partiront avec vous à cheval, les autres continueront à pied. Sans plus attendre, vous reprenez la route de Philadelphie. Rendez-vous au **166**.

11

Un feu nourri fait écho à votre ordre, et une dizaine de Tuniques Rouges s'écroulent dans les eaux de la Brandywine. Mais cela n'arrête nullement l'avance de leurs compagnons. C'est un véritable déluge de feu qui s'abat sur vous, et vous devez reculer. Bientôt, il ne reste plus qu'une poignée de survivants autour de vous qui, alors que l'ennemi charge, prennent la fuite. Allez-vous les suivre (rendez-vous au **263**) ou résister (rendez-vous au **269**) ?

12

Deux jours plus tard, votre régiment est en marche vers le sud, précédé par de nombreux éclaireurs indiens. Car, pour que le succès de l'opération soit total, il est impératif de repérer les Rebelles se trouvant sur votre chemin, et de les neutraliser pour que votre avance reste secrète le plus longtemps possible. Ainsi, venant en renfort des Anglais campant non loin d'Albany, pourrez-vous prendre la ville par surprise. Alors que vous n'êtes plus qu'à quelques kilomètres de la vallée de la Mohawk, l'officier commandant votre compagnie demande des volontaires pour renforcer les éclaireurs indiens. Si vous voulez proposer vos services, rendez-vous au **148**. Mais si vous préférez ne pas quitter le régiment, rendez-vous au **255**.

13

Atteint par votre balle, un Tunique Rouge s'effondre. Ses compagnons ripostent, vous expédiant de telles

13 *Un Tunique Rouge s'effondre et ses compagnons ripostent.*

volées de balles que la place disparaît bientôt sous un nuage de fumée à l'âcre odeur de poudre brûlée. Malgré tous vos efforts, la porte reste obstinément close. Il serait stupide de continuer à vous acharner sur elle. Aussi, allez-vous recharger votre arme et poursuivre le combat (rendez-vous au **265**) ou jugez-vous plus sage de prendre la fuite sans tarder (rendez-vous au **15**) ?

14

Après avoir soigneusement visé, vous pressez la détente. Le coup part dans un claquement sec, atteignant l'homme en pleine poitrine. En poussant un hurlement, il s'effondre sur le sol. C'est alors que vous entendez, provenant de votre camp, de nombreux coups de feu, ponctués de cris. Pas de doute : on se bat, là-bas. Allez-vous revenir sur vos pas pour prêter main-forte à vos compagnons (rendez-vous au **201**) ou préférez-vous attendre la fin des combats (rendez-vous au **267**) ?

15

C'est le souffle court et le cœur battant que vous vous retrouvez, en compagnie de quelques miliciens, à l'abri d'un petit bois s'élevant à quelque distance de Lexington. Par chance, les Tuniques Rouges ne vous ont pas poursuivis : il est vrai que vous connaissez si bien la région ! L'officier qui les commande les a maintenant fait mettre en colonne et, au son du tambour, ils s'éloignent dans la direction de Concord.

— Allons, les gars, dit alors un des miliciens, nous avons peut-être perdu la bataille de Lexington, mais nous n'avons pas perdu la guerre. Courage ! Nous les attendrons d'un pied ferme lorsqu'ils repasseront par chez nous, avant de regagner Boston.

Rendez-vous au **131**.

16

A peine vos ouvriers se sont-ils éveillés, que vous leur rapportez les propos du capitaine Parker.
— Mes amis, ajoutez-vous, vous êtes entièrement libres de votre décision. Mais qu'il soit tout à fait entendu entre nous que, quelle que puisse être cette décision, vous aurez toujours votre place ici.
En auriez-vous douté ? Quelques secondes leur suffisent pour charger un chariot de provisions et pour se mettre en route, sous vos ordres, vers Lexington. Rendez-vous au **140**.

17

Atteint en pleine poitrine, l'un des hommes roule sur le sol. Sautant de leur monture, ses compagnons se dispersent en ripostant comme ils le peuvent. Mais leurs tirs trop imprécis sifflent loin de vous. Sans perdre un instant, vous rechargez votre arme et vous faites feu. *Testez votre Adresse.* Si les dés vous sont favorables, rendez-vous au **30**. Sinon, rendez-vous au **176**.

18

Vous marchez du plus vite que vous le pouvez, sans pour autant relâcher votre attention. Car des patrouilles de Loyalistes battent la campagne à la recherche de soldats isolés. Et nul doute qu'ils vous réserveraient un mauvais sort, ainsi qu'à vos compagnons, si vous vous trouviez sur leur chemin. Un de vos éclaireurs vous rejoint bientôt pour vous annoncer qu'une petite troupe à cheval avance dans votre direction. Il va sans dire que des chevaux vous seraient précieux ! Si vous décidez de tendre une embuscade aux cavaliers, rendez-vous au **2**. Mais si vous jugez plus prudent de vous cacher et de les laisser passer, rendez-vous au **109**.

19

C'est au grand galop que vous revenez vers le campement des Tuniques Rouges qui vous attendent de pied ferme, leurs armes pointées vers vous. *Testez votre Chance*. Si les dés vous sont favorables, rendez-vous au **235**. Sinon, rendez-vous au **258**.

20

— Que faites-vous ici ? vous demande un caporal moustachu.

— Je suis venu offrir mes services au roi, répondez-vous.

— Conduisez cet homme chez le sergent recruteur, dit-il en se tournant vers un soldat.

Rendez-vous au **112**.

21

Tous les sens en éveil, vous avancez au petit trot. La route est déserte et, alentour, vous ne voyez âme qui vive. Soudain, à une cinquantaine de mètres devant vous, vous apercevez une masse sombre barrant votre chemin. Vous en approchant, vous constatez qu'il s'agit d'un chariot qui a été abandonné là. Abandonné, ou placé ?... Impossible de le contourner car d'épais taillis bordent la route. Quant à faire demi-tour, inutile d'y songer ; cela vous obligerait à un trop long détour. Si vous décidez d'abandonner votre cheval et de poursuivre à pied votre chemin une fois l'obstacle franchi, rendez-vous au **80**. Mais si vous pensez que mettre pied à terre ferait de vous une cible de choix en cas d'embuscade, vous pouvez tenter de faire sauter le chariot à votre cheval. Rendez-vous, dans ce cas, au **256**.

22

Faisant faire un trop brusque demi-tour à votre monture, vous perdez l'équilibre et vous tombez lourdement à terre, ce qui vous coûte 1 point d'Endurance. Vous vous relevez en jurant et, d'un bond, vous vous remettez en selle. Mais vous n'avez pas été suffisamment rapide. En effet, deux hommes en civil et un officier anglais se sont précipités vers vous. Et, à présent, ils tiennent fermement la bride de votre cheval, vous empêchant ainsi de prendre la fuite. Rendez-vous au **92**.

23

Alors que l'armée de Washington s'éloigne en direction de Philadelphie, vous dissimulez vos hommes dans les fourrés, à une centaine de mètres du gué. Bientôt les premiers rangs des Tuniques Rouges font leur apparition.

— Feu ! hurlez-vous lorsqu'ils arrivent à votre hauteur.

La surprise est totale. Touchés de plein fouet par vos balles, une vingtaine d'hommes mordent la poussière, créant une incroyable panique chez les Anglais qui refluent dans le plus grand désordre. Vous ne donnez l'ordre de cesser le feu que lorsqu'ils sont hors d'atteinte, sur l'autre rive de la Brandywine. Avec satisfaction, vous constatez que pas un seul de vos compagnons n'a été tué ou blessé. Rapidement, vous leur commandez de recharger leurs armes, et de se tenir prêt à repousser l'ennemi ; car les Tuniques Rouges se sont regroupés et ils s'apprêtent à retraverser la rivière. Et cette fois, l'affaire sera moins facile. Autour de vous, vous entendez des murmures de protestation : vos hommes pensent qu'ils en ont déjà fait assez, et qu'il serait vain de vouloir affronter l'armée anglaise tout entière. Vous allez devoir faire preuve de toute la force de votre conviction pour les faire changer d'avis ! *Testez votre Diplomatie.* Si les dés vous sont favorables, rendez-vous au **85**. Sinon, rendez-vous au **286**.

24

Vous vous défendez comme un diable ; mais que pouvez-vous faire contre un tel adversaire ! Lacéré de coups de griffes, vous vous effondrez sur le sol. Un dernier coup de patte vous ôte la vie. Votre aventure se termine ici.

25

Fouettant les chevaux, vous foncez au grand galop sur les Tuniques Rouges qui se jettent sur les bas-côtés de la route en criant. Le premier instant de stupeur passé, ils se ressaisissent et, faisant volte-face, ils font feu. *Testez votre Chance.* Si les dés vous sont favorables, rendez-vous au **251**. Sinon, rendez-vous au **258**.

26

Vous passez dans cette ville les quatre années suivantes, la fortifiant en vue d'une éventuelle attaque des Rebelles. Mais qui pourrait oser défier le général Cornwallis dans cette véritable place forte. Des casemates ont été bâties à l'extérieur, et la flotte

25 *Vous foncez au grand galop sur les Tuniques Rouges.*

anglaise interdit l'accès du port. De plus, vous avez appris que Washington a subi de sévères défaites à la fin de l'année 1777 : dans la vallée de la Brandywine tout d'abord, puis à Germantown — ce qui a entraîné la prise de Philadelphie. Bien sûr, la nouvelle vous est parvenue de l'entrée en guerre des Français. Mais les Anglais ne les ont-ils pas battus sur tous les champs de bataille du monde quelques années auparavant seulement ? Aussi, grande est votre stupéfaction lorsque, un beau jour de 1781, vous voyez les navires de guerre anglais pénétrer dans le port, poussés par l'armada française ; lorsque vous voyez arriver les troupes de Washington devant la ville. Rendez-vous au **300**.

27

Les balles sifflent à vos oreilles, vous manquant de peu. Vous êtes sain et sauf, certes, mais vous avez échoué dans votre mission ; car, de la casemate, surgissent quatre Tuniques Rouges qui ouvrent le feu. Sans hésiter, vos hommes se découvrent et ripostent pour protéger votre fuite. Deux d'entre eux tombent sous les balles anglaises, ajoutant à votre échec. Inutile de dire que vous n'êtes pas très fier lorsque, après avoir rejoint vos lignes, vous faites votre rapport ! Rendez-vous au **136**.

28

Votre décision est vite prise : quelques minutes suffisent pour que vos hommes disparaissent derrière les premiers arbres bordant la rive du fleuve. Peu de temps après, vous entendez le galop d'un cheval. Prêt à tirer, vous voyez apparaître un cavalier vêtu comme un trappeur, tenant à la main un fusil. Si vous tirez sur lui sans sommation, rendez-vous au **266**. Mais si vous préférez le laisser passer, pensant que la colonne qui vous suit saura bien se charger de lui, rendez-vous au **37**.

29

Voilà typiquement le genre d'exploits fous dont la légende fait ses délices. Quelle fusillade grandiose ! Vous préférez cependant ne pas vous attarder sur les lieux de votre haut fait, de crainte qu'il n'y ait d'autres soldats dans les environs. Sous le concert de félicitations des deux hommes blessés allongés à l'arrière du chariot, vous saisissez les rênes et vous vous remettez en route. Quelques minutes plus tard, vous croisez un groupe de civils armés marchant sur le chemin. Ils ont tout l'air de Minutemen.

— Halte ! crie l'un d'eux. Où allez-vous comme cela ?

— Ces hommes ont besoin d'un médecin. Nous sommes tombés sur quelques Tuniques Rouges, pas très loin d'ici, leur expliquez-vous. En avez-vous rencontré là d'où vous venez ?

— Non. Vous les avez eus ? demande le chef de la troupe ?

— Oui. J'ai dû tirer.

— Je vois. Vous venez de tuer des soldats du roi, dit-il d'une voix menaçante. Nous sommes des Loyalistes et vous, vous êtes un Rebelle et un assassin.

— Mais je n'ai fait que me défendre, protestez-vous.

— Descendez-le de là. Laissez les blessés ; ils ne peuvent faire de mal à personne.

Ils vous tirent sans ménagement à bas du chariot et vous ligotent les mains.

— Qu'allons-nous faire de lui maintenant ? demande l'un d'eux.

— Le pendre haut et court, naturellement, réplique

le chef. Au nom du roi George, et en mémoire des hommes que vous venez d'assassiner, je vous condamne à mort.
Quelques instants leur suffisent pour faire passer une corde au-dessus d'une solide branche d'un chêne, et pour vous glisser un nœud coulant autour du cou. Quelques secondes suffisent pour vous faire passer de vie à trépas. Votre aventure se termine ici.

30

En poussant un cri aigu, l'un des hommes, touché en pleine cuisse, roule au sol. Les tirs de ses compagnons redoublent d'intensité, et se font de plus en plus précis. Mieux vaut fuir pendant qu'il en est encore temps. Votre cheval se trouve à quelques mètres de vous, mais pourrez-vous l'atteindre ? *Testez votre Chance.* Si les dés vous sont favorables, rendez-vous au **288**. Sinon, rendez-vous au **227**.

31

Vous avez réussi à rejoindre l'armée, mais vous n'oublierez jamais ce jour funeste du 11 septembre 1777 où, Washington acceptant le combat non loin de la Brandywine, vous avez été bousculé par les lignes anglaises. Une nouvelle défaite quelques mois plus tard, à Germantown, permet aux Anglais d'occuper Philadelphie. Washington décide alors de prendre ses quartiers d'hiver à une trentaine de kilomètres de la ville, au lieu dit Valley Forge. Un hiver terrible. Les hommes, découragés par les défaites qu'ils viennent de subir et, de plus, mal ravitaillés, désertent par centaines. Même la nouvelle de la défaite des Tuniques Rouges à Saratoga, survenue le 17 octobre, n'a pas redonné à vos compagnons l'enthousiasme qui aurait été le leur en temps normal. Vous-même commencez à douter. Si vous vous

31 *L'armée a pris ses quartiers d'hiver à Valley Forge.*

laisser aller à déserter, rendez-vous au **165**. Mais si vous décidez de faire front à l'adversité, rendez-vous au **252**.

32

Nombreux sont vos compagnons qui tombent autour de vous atteints par les balles des Rebelles, dont les pertes sont également importantes. Mais cela ne freine pas votre élan. Vous franchissez la palissade. Devant vous se dresse un homme que vous assommez d'un coup de crosse ; autour de vous ce ne sont que furieux corps à corps. Soudain, vous vous retrouvez nez à nez avec un Rebelle qui vous charge, baïonnette au canon. Jetant votre arme déchargée, vous dégainez votre épée.

REBELLE HABILETÉ : 7 ENDURANCE : 4

Si vous êtes vainqueur, rendez-vous au **249**. Sinon, rendez-vous au **33**.

33

Vous avez été quelque peu présomptueux de vous attaquer à plus fort que vous. Un redoutable coup de baïonnette vient de vous le prouver. Lentement, vous glissez à terre. Votre aventure se termine ici.

34

Les Rebelles n'hésitent que quelques secondes avant de jeter leurs armes. Ils ne sont plus que cinq !
— Deane, vous dit alors l'un de vos hommes, souvenez-vous que nous ne devons pas faire de prisonniers. Si l'un d'entre eux venait à s'échapper, cela pourrait coûter la vie à nombre de nos compagnons... Il faut les tuer.
Effectivement, ce sont là les ordres ! Mais, d'un autre

côté, vous vous êtes engagé à laisser la vie sauve à ces Rebelles. La décision n'est pas facile à prendre. Allez-vous laisser massacrer vos adversaires (rendez-vous au **295**) ou tenir votre parole (rendez-vous au **93**) ?

35

— Allons, Tobias. Laissez-les partir, dites-vous.
— N'insistez pas, Deane. Ils ont tué trop de nos compagnons à Lexington et à Concord. Allez, les gars, en avant !
— Pas un pas de plus ! criez-vous en pointant votre arme dans leur direction.
— Et comment pensez-vous pouvoir nous arrêter ? ricane Tobias. Vous êtes seul ; nous sommes cinq !
Cinq mousquets sont maintenant braqués sur vous. Et l'air résolu de leurs propriétaires ne vous laisse aucun doute sur ce qu'ils ont l'intention de faire ! Aussi, allez-vous les laisser passer (rendez-vous au **193**) ou vous en tenir à votre décision, au péril de votre vie (rendez-vous au **106**) ?

36

Votre décision prise, vous marchez d'un bon pas en direction de Valley Forge. Quelques jours après, cependant, vous tombez sur un régiment de Volontaires de Virginie. Ayant été décimé lors d'un accrochage avec les Tuniques Rouges, il manque d'hommes. Et vous acceptez de vous joindre à lui. Vous passez ainsi les trois années suivantes à combattre les Anglais tout autour de New York et de Philadelphie. Entre-temps, vous apprenez que les Français, sous les ordres de Rochambeau et de La Fayette, ont débarqué pour prêter main-forte à vos concitoyens. La victoire finale paraît proche. C'est alors que votre régiment reçoit l'ordre de faire mouvement vers la ville de Yorktown, en Virginie, assiégée depuis quelques semaines par Washington. A cette nouvelle, vos compagnons poussent des cris de joie, heureux à l'idée de revoir leur pays natal. Rendez-vous au **292**.

37

Au grand galop, l'homme passe sans remarquer votre présence. Quelque peu inquiet, néanmoins, vous faites signe à l'un des Indiens de s'approcher.
— Trappeur, ou Rebelle ? lui demandez-vous.
— Trappeur, et Rebelle, répond l'Indien d'un ton laconique. Ici, tous les trappeurs sont Rebelles. Ici, beaucoup trappeurs !
Fort de ces renseignements, vous décidez de revenir vers la colonne. Une fois que vous l'avez rejointe, vous faites votre rapport à l'officier qui la commande. Rendez-vous au **204**.

38

Vous vous jetez dans les fourrés au moment même où les barils de poudre explosent dans un effroyable vacarme. Le hangar n'est plus qu'un souvenir et, du comptoir surgissent six ou sept Rebelles l'air totalement hébété. Quant à vous, vous êtes à moitié sourd ! Néanmoins, il n'est pas temps de vous plaindre. Bien au contraire, il faut profiter de la situation. Aussi, bondissant sur vos pieds, vous hurlez à l'adresse de vos hommes :
— Chargez ! Et pas de quartier !
L'affaire est vite réglée : incapables de réagir, les Rebelles n'offrent que peu de résistance ; bientôt tous ont perdu la vie. Rassemblant vos compagnons, vous rejoignez la colonne, et vous faites votre rapport à l'officier la commandant. Rendez-vous au **204**.

39

Un dernier coup d'épée, et votre adversaire s'effondre à vos pieds, sans vie. Le combat a été des plus brefs, et les Tuniques Rouges gardant l'avant-poste n'ont rien entendu. Rapidement, vous tirez le corps de la sentinelle dans un fourré, puis vous donnez à vos hommes le signal de l'attaque. Baïonnette au canon, ils chargent. Rendez-vous au **65**.

40

Vous parcourez encore plusieurs kilomètres sans être inquiété. Mais la faim qui vous tenaille devient plus intolérable avec chaque heure qui passe. Vous avez oublié jusqu'au souvenir de votre dernier repas, et vous donneriez tout pour une véritable nuit de sommeil. Voilà des mois que vous dormez tout habillé et vous ne devez pas sentir la rose ! Risquant le tout pour le tout, vous pénétrez hardiment dans le premier village venu pour trouver quelque chose à vous mettre sous la dent. Mais à peine avez-vous fait quelques pas dans la grande rue que trois cavaliers s'avancent, vous menaçant de leurs mousquets.

— Nous ne voulons pas d'ennuis ici, déclare l'un d'eux. Êtes-vous un Rebelle ?

— Je suis un patriote, répondez-vous.

— Je pense que nous devrions le pendre pour donner une bonne leçon à tous les coquins de son espèce, reprend un autre cavalier.

— C'est aussi mon avis, acquiesce le troisième.

Rendez-vous au **287**.

41

C'est en vain que vous essayez de retrouver le sommeil : vous ne pouvez vous empêcher de penser à vos amis et voisins qui se sont rassemblés sur la place de Lexington. Pauvres fous, songez-vous, qui osent se dresser contre le roi. Mais votre avenir n'est pas plus enviable. En effet, si les Anglais ne brûlent pas votre ferme, les Minutemen s'en chargeront. Et vos ouvriers, vont-ils vous rester fidèles ? Faisant taire vos pires craintes, vous vous levez pour vous attaquer aux tâches de la journée. L'enclos a besoin d'être réparé, et il y a les vaches à traire ! Peut-être les esprits vont-ils se calmer et les événements reprendre leur cours normal ; mais, au fond de vous, vous n'y croyez guère. Rendez-vous au **116**.

42

Prudemment, vous vous dirigez vers la lisière de la clairière, pour voir ce qui peut bien être à l'origine du bruit que vous avez entendu. *Testez votre Agilité*, car vous devez être particulièrement silencieux. Si les dés vous sont favorables, rendez-vous au **224**. Sinon, rendez-vous au **201**.

43

Ne vous laissant pas gagner par une euphorie qui vous serait fatale, vous profitez du répit que vous a donné votre victoire pour mettre les blessés à l'abri et recharger vos armes. Au bas de la colline, les lignes anglaises se reforment. De nouvelles troupes venant de Boston les ont rejointes. Et bientôt, vous les voyez s'ébranler pour un nouvel assaut. « Feu ! » hurlent vos officiers lorsque l'ennemi arrive à votre portée. Cette fois encore, les pertes sont d'importance chez les Tuniques Rouges. Mais ils ne rompent pas leurs rangs, et continuent d'avancer vers vous, ne s'arrêtant que pour recharger leurs armes. Quant à vous, pour la centième fois peut-être, vous épaulez votre fusil. *Testez votre Adresse.* Si les dés vous sont favorables, rendez-vous au **164**. Sinon, rendez-vous au **294**.

44

Aucun sifflement annonçant un boulet ne suit la détonation. Ce n'est pas vous qui étiez visé, mais très certainement la colonne qui suit l'autre rive de la Mohawk. Il faut réduire ce repaire de Rebelles à l'impuissance ! et sans perdre un instant. D'un signe, vous commandez au détachement de se remettre en route et, quelques minutes plus tard, vous êtes en vue du fortin. Une vingtaine d'hommes l'occupent. Ils ne vous ont pas encore aperçu, occupés qu'ils sont à observer l'autre rive du fleuve.

— A l'assaut ! hurlez-vous en vous élançant à la tête de vos hommes.

Rendez-vous au **194**.

45

Un silence de mort a suivi la déclaration du capitaine. Les Tuniques Rouges ont bien avancé de quelques pas, mais ils se sont vite immobilisés. La tension est à son comble. Soudain, déchirant le silence, retentit le claquement d'un coup de feu. Nul jamais ne saura qui a tiré : un milicien trop nerveux, un Anglais trop zélé ? Peu importe car, dans la seconde suivante, les balles sifflent de tous côtés. *Testez votre Chance*. Si la Chance vous est favorable, rendez-vous au **111**. Sinon, rendez-vous au **258**.

46

Lentement, vous vous approchez du bivouac. C'est alors que l'un des Tuniques Rouges vous aperçoit.

— Aux armes ! Aux armes ! hurle-t-il.

Il paraît évident que ces hommes, échaudés par une lourde défaite, risquent fort de tirer avant de s'expliquer ! Allez-vous néanmoins tenter de leur parler (rendez-vous au **260**) ou jugez-vous plus prudent de vous éloigner à bride abattue (rendez-vous au **119**) ?

47

Épée en main, vous vous jetez sur l'adversaire. Il s'ensuit un furieux combat dont vous ressortez vainqueur. Les Loyalistes s'enfuient, laissant sur le terrain sept hommes. Mais vos pertes sont lourdes également : cinq morts et trois blessés. Allez-vous battre en retraite (rendez-vous au **246**) ou, laissant là les blessés, poursuivre la mission qui vous a été confiée (rendez-vous au **6**) ?

48

Après avoir vérifié que votre arme est bien chargée, vous vous approchez de la porte. Puis, l'enfonçant d'un coup d'épaule, vous vous ruez dans la cabane. Si votre arrivée a quelque peu surpris les hommes présents, l'un d'eux réagit à la vitesse de l'éclair. Saisissant un mousquet, il le décharge sur vous, presque à bout portant. *Testez votre Chance.* Si les dés vous sont favorables, rendez-vous au **188**. Sinon, rendez-vous au **289**.

49

Avant même que les soldats anglais aient pu réagir, vous avez fait exécuter un impeccable demi-tour à votre cheval. Et, sans jeter un regard derrière vous, vous repartez au grand galop. Mais allez-vous prendre la direction de Lexington (rendez-vous au **153**) ou celle de Boston — mais cette fois à travers champs (rendez-vous au **296**) ?

50

Trenton est une ville qui ne présente rien de particulier. En fait, elle est tout à fait semblable à de nombreuses villes de la région, et il vous paraît absurde qu'elle puisse se transformer en champ de bataille. A la tête de vos hommes, vous arrivez au bas de la rue

50 *A quelques mètres devant vous, vous apercevez deux sentinelles.*

principale, après avoir parcouru des faubourgs déserts. Dieu sait ce qu'il est advenu des gens qui vivaient ici ! Sans doute ont-ils fui devant l'arrivée des mercenaires hessois, peu désireux d'accueillir des hôtes dont l'éducation n'est pas la vertu première. Lentement, vous remontez la rue principale, cherchant à distinguer quelque chose dans la tourmente de neige qui s'abat sur vous. Soudain, vous levez le bras, faisant signe à vos hommes de s'arrêter. A quelques mètres, devant vous, vous venez d'apercevoir deux soldats. Deux sentinelles, à n'en pas douter, qui ont l'air transies jusqu'à la moelle, et qui ne s'attendent visiblement pas à la visite de l'armée américaine ! Allez-vous tirer (rendez-vous au **225**) ou préférez-vous les charger, baïonnette au canon (rendez-vous au **175**) ?

51

Après avoir pris votre élan, vous foncez vers la porte, épaule en avant. Le choc est des plus douloureux ; mais le battant de bois n'a pas bougé d'un pouce, et vous perdez 2 points d'Endurance dans l'aventure. Rien d'autre à faire que d'attendre ce maudit jugement ! Après tout, s'il y a une justice sur cette terre, vous serez bientôt libre. C'est sur cette pensée optimiste que vous vous endormez. Rendez-vous au **52**.

52

Après quelques heures d'un sommeil agité, vous êtes réveillé par un cliquetis de clefs et des éclats de voix.

— Allez ouste, dehors ! crie un Tunique Rouge qui vient de surgir dans la cellule. Tu as rendez-vous avec le juge, et probablement avec la corde pour te pendre, maudit chien de traître !

En silence, vous suivez les soldats jusqu'au tribunal. Le juge est un homme à la mine sévère qui écoute gravement votre plaidoyer d'innocence. Lorsque vous en avez terminé, il prend la parole à son tour.
— Nous vivons des temps troublés, Monsieur Deane. Les actes de trahison des gens de votre cité ont causé de grands préjudices au roi. Je ne veux pas vous faire pendre, car vous ne possédiez aucun papier, rien prouvant que vous êtes un espion ; mais vos actions de ce matin ne témoignent pas, néanmoins, en faveur de votre innocence.
— Je suis fidèle à mon roi, protestez-vous avec l'énergie du désespoir.
Testez votre Diplomatie pour savoir si vous avez convaincu le magistrat. Si les dés vous sont favorables, rendez-vous au **202**. Sinon, rendez-vous au **271**.

53

Au prix de lourdes pertes, vous repoussez l'attaque ennemie. Mais il est évident que vous ne pourrez résister ainsi bien longtemps. Aussi, jugeant que vous avez rempli votre mission en retardant comme vous venez de le faire l'avance anglaise, vous donnez à vos hommes l'ordre de la retraite. Rendez-vous au **263**.

54

Aussi silencieux qu'une ombre, vous passez à quelques mètres des deux hommes qui sont loin de se douter de votre présence. Une étroite meurtrière vous permet de jeter un coup d'œil à l'intérieur de la casemate. Elle est occupée par trois Tuniques Rouges seulement. Contournant rapidement l'ouvrage, vous constatez qu'il est assez éloigné des lignes anglaises. Trop éloigné pour que des renforts puissent arriver suffisamment rapidement en cas d'attaque. Ayant appris ce que vous vouliez savoir, vous revenez près de vos hommes. Rendez-vous au **147**.

55

Après avoir attaché votre cheval à un arbre, vous gravissez fièrement, mousquet à la main, les marches menant à l'intérieur du bâtiment. Un sergent Tunique Rouge somnole, à moitié affalé sur une table. Vous restez d'abord quelques instants devant lui sans qu'il vous remarque. Il finit quand même par se redresser en sursaut lorsque vous toussotez pour signaler votre présence.

— Oui ? grommelle-t-il.

— Je suis venu offrir mes services au roi, dites-vous d'une voix forte.

— Voilà une bonne nouvelle ! répond-il en éclatant de rire. Et qu'est-ce qui vous fait penser que le roi a besoin de vous ?

— Je suis un bon tireur et je connais bien la région.

— Nous n'avons besoin de personne. Les colons ne font pas le poids contre notre armée, déclare-t-il avec suffisance.

— A votre place, je n'en serais pas si sûr. Vous n'allez pas tarder à vous rendre compte qu'ils sont un peu plus coriaces que vous ne l'imaginiez.

— Le mieux pour vous est d'attendre le retour du commandant. Vous pourrez applaudir lorsque vous le verrez ramener les prisonniers rebelles et leurs armes. Le compte de ces soi-disant Minutemen sera réglé une bonne fois pour toutes.

Comprenant qu'il n'y a rien à faire et qu'il serait vain d'espérer convaincre le sergent, vous quittez son bureau et vous repartez sur votre monture. Comme vous ne pouvez plus retourner dans votre ferme maintenant, vous vous mettez en quête d'une chambre, prêt à attendre le temps qu'il faudra, jusqu'à ce que les Anglais aient besoin d'aide. Rendez-vous au **160**.

56

Le comptoir se dresse dans une petite clairière, et vous ne pouvez l'attaquer de front car cela vous obligerait à parcourir une trop grande distance à découvert. Sur la gauche de la cabane se trouve une espèce de hangar. Sur la droite s'élève un gros tas de bois. Si vous pouviez atteindre l'un ou l'autre sans vous faire remarquer, il vous serait certainement facile, ensuite, d'attaquer le comptoir par surprise. Mais allez-vous bondir vers le hangar (rendez-vous au **233**) ou vers le tas de bois (rendez-vous au **186**) ?

57

Sans perdre un instant, vous réglez le prix de votre chambre puis, sautant à cheval, vous sortez de la ville. Il faut profiter de la nuit pour tenter de traverser les lignes ennemies. De nombreux barrages ont été dressés sur la route par les Tuniques Rouges, mais vous les passez sans encombre. Enfin, vous vous retrouvez en rase campagne. La route menant à Lexington est la plus directe ; cependant, il y a de fortes chances pour qu'elle soit surveillée par les Rebelles. Allez-vous néanmoins la suivre (rendez-vous au **21**) ou pensez-vous qu'il est plus prudent de prendre à travers champs (rendez-vous au **237**) ?

58

Après avoir chargé les peaux sur sa monture, l'homme monte en selle et disparaît dans la forêt. Faisant signe à vos hommes de se remettre en marche, vous prenez la direction d'où il venait. Bientôt vous arrivez en vue d'une cabane en bois s'élevant au bord d'un cours d'eau.

— Comptoir pour trappeurs, vous dit l'un des éclaireurs indiens. Qui ajoute : ici, amis des Rebelles ! Impossible de laisser ce comptoir derrière vous. Car il ne fait aucun doute que ses occupants, apercevant la colonne, ne manqueraient pas de donner l'alerte. Il faut donc vous en rendre maître. Rendez-vous au **56**.

59

Vous n'êtes plus très éloigné de Lexington ; le village va apparaître au prochain détour du chemin. Soudain, deux hommes surgissent des fourrés et, se mettant au milieu de la route, ils vous obligent à vous arrêter.
— Nathan, d'où venez-vous ? demande l'un d'eux.
Vous les reconnaissez ; ce sont deux villageois de Lexington.
— De ma ferme, évidemment. Je redoutais un peu de prendre la route directe pour aller au village. Les Tuniques Rouges sont-ils déjà passés par là ? demandez-vous innocemment.
— Non, mais nous les attendons d'un instant à l'autre. Je suis content que vous soyez là ; nous allons avoir besoin de tous les mousquets disponibles. Souhaitons-nous bonne chance, Nathan, conclut-il chaleureusement.
Ainsi, le destin en a décidé : vous voilà engagé contre le roi. Rendez-vous au **140**.

60

Sans que personne ne vous remarque, vous vous éloignez du village. Certes, vous êtes à présent un déserteur ; mais au moins avez-vous fait tout ce qu'on attendait de vous. A votre avis, il n'était pas nécessaire d'attaquer le village ; et vous préférez vous enfuir plutôt que de devoir participer à nouveau à une telle tragédie. A Montréal, vous avez fait la connaissance d'un vieil horloger avec qui vous vous êtes lié d'amitié. Nul doute qu'il acceptera de vous cacher jusqu'à la fin de ces tragiques événements. Vous passez, effectivement, les années suivantes à Montréal. C'est là que vous apprenez la défaite des Tuniques Rouges face aux régiments américains et français à Yorktown, et la signature du traité de Paris, le 3 septembre 1783, reconnaissant l'indépendance des États-Unis d'Amérique. Quant à vous, votre aventure s'achève ici.

61

Sans hésiter, vous plongez tête la première dans un épais buisson. La balle vous a raté, mais de peu ! Maudissant cette manie qu'ont les hommes de vouloir toujours se battre, vous vous enfoncez dans les bois après vous être assuré que l'officier ne vous poursuivait pas. Que faire, maintenant ? Impossible de rejoindre les Rebelles qui vous considèrent comme un déserteur, impossible également d'aller vous réfugier auprès des Tuniques Rouges qui vous recevraient comme un espion. Quant à regagner votre ferme, inutile d'y songer. La seule chose à faire est certainement de partir vers l'ouest retrouver votre famille, en espérant que la folie de la guerre n'aura pas gagné cette région. C'est quelque peu désabusé, mais néanmoins rempli d'espoir, que vous vous mettez en route pour la Californie. Votre aventure se termine ici.

62

— J'ai été enrôlé de force dans l'armée américaine, dites-vous le remords au cœur de devoir mentir pour sauver votre vie. Je viens de déserter pour retrouver ma ferme. Je ne...

— Suffit ! dit le premier cavalier. Nous n'aimons pas les déserteurs, dans notre village. Ligotez-le, les amis.

Avant d'avoir pu faire un geste, vous vous retrouvez ficelé de la plus belle manière qui soit. Nul espoir d'évasion n'est permis ; l'arbre et la corde vous attendent déjà. Votre aventure se termine ici.

63

Vous allez prendre position lorsque le sergent se tourne vers vous.

— Deane, dit-il, allez vous poster derrière le gros chêne, là-bas. Vous tirerez lorsqu'ils nous attaqueront, pour faire diversion.

Obéissant à l'ordre qui vient de vous être donné, vous courez vers la lisière de la clairière. C'est alors que des coups de feu éclatent de toutes parts. Si vous décidez de faire ce que le sergent vous a dit, rendez-vous au **201**. Mais si vous jugez plus sage de vous mettre à l'abri en attendant la fin du combat, rendez-vous au **267**.

64

Envoyé en compagnie de quelques Indiens en éclaireur, vous ne tardez pas à arriver en vue du village. Dissimulé dans les sous-bois, vous le surveillez pendant toute la matinée, et vous n'y remarquez aucun signe de la présence de Rebelles. L'armée tout entière est arrivée ; et elle s'est déployée, prête à passer à l'attaque. Si vous décidez de vous précipiter vers les officiers pour leur annoncer qu'il n'y a là aucune menace, rendez-vous au **242**. Mais si vous préférez laisser l'armée attaquer, rendez-vous au **149**.

65

En hurlant, vos hommes pénètrent dans l'avant-poste. Il ne leur faut que quelques minutes pour

63 *Des coups de feu éclatent de toutes parts.*

réduire à merci la garnison anglaise surprise et terrorisée. Après vous être chargé des armes et des munitions, vous reprenez le chemin du fleuve, en poussant devant vous les prisonniers que vous venez de faire. Rendez-vous au **102**.

66

Votre souhait a été entendu ! Alors que vos six compagnons commençaient à vous demander avec insistance de rebrousser chemin vers Valley Forge, vous apercevez un convoi de chariots. Et il ne peut s'agir que d'un convoi de ravitaillement loyaliste, à en juger par la tenue des hommes qui l'accompagnent. Ils ne sont pas nombreux : peut-être une vingtaine. Surtout, ils ne s'attendent pas à rencontrer des Rebelles par ici. Pendant quelques centaines de mètres, vous continuez à avancer comme de paisibles voyageurs. Et lorsque vous arrivez à portée de mousquet, vous ouvrez le feu. Sept Loyalistes passent de vie à trépas et, avant que les survivants puissent réagir, vous chargez, l'épée à la main. L'un des cavaliers ennemis s'élance à votre rencontre.

LOYALISTE HABILETÉ : 6 ENDURANCE : 3

Si vous êtes vainqueur, rendez-vous au **219**. Sinon, rendez-vous au **212**.

67

Vous chevauchez longuement à travers champs et le jour est depuis longtemps levé lorsque, enfin, vous atteignez la route de Boston. Vous êtes épuisé, mais la prudence vous interdit de vous arrêter. Tout en galopant, vous ne pouvez vous empêcher de penser à ces hommes que vous avez laissés derrière vous, face à leur destin. Et s'ils avaient raison ? Écartant ces pensées, vous couvrez encore quelques kilomètres avant d'apercevoir, à un détour du chemin, une longue colonne de soldats anglais s'avançant à votre rencontre. En tête marchent quelques civils qui se mettent à courir vers vous dès qu'ils vous voient. Allez-vous tourner bride et fuir sans attendre (rendez-vous au **158**) ou vous approcher d'eux prudemment (rendez-vous au **92**) ?

68

Bien que vous ne progressiez que fort lentement, vous vous demandez si la colonne arrivera à suivre votre allure sur un terrain des plus chaotiques. Vous traversez une petite rivière et vous arrivez dans une clairière. C'est alors que vous apercevez, un peu plus loin, un cheval attaché à un arbre, sans que rien n'indique la présence d'un cavalier. Allez-vous ordonner à vos hommes de se cacher en attendant le retour du propriétaire du cheval (rendez-vous au **262**), ou préférez-vous envoyer deux hommes en éclaireurs (rendez-vous au **98**) ?

69

Vous voilà à New York pour la première fois de votre vie. Les Loyalistes, ici, sont pour le moment majoritaires. Mais la Rébellion, chaque jour, fait de nouveaux adeptes. Quoique toujours fidèle au roi, les événements que vous avez vécus vous poussent, pour l'instant, à ne pas vous mêler de politique. Rendez-vous au **142**.

70

Transpercé de part en part par votre épée, le Loyaliste s'affaisse sur sa selle avant de glisser à terre. Autour de vous le combat fait toujours rage. Et vos hommes sont loin d'avoir l'avantage. Aussi jugez-vous plus sage de battre en retraite. Par chance, les cavaliers loyalistes ne vous poursuivent pas, craignant sans doute de tomber dans une embuscade. Vous avez perdu nombre de vos hommes, et la plupart des survivants sont blessés. Une cruelle leçon pour trop de précipitation. Rendez-vous au **102**.

71

Maudissant votre couardise, vous vous précipitez sur votre fusil. Les Tuniques Rouges avancent toujours, tirant à coups redoublés. *Testez votre chance.* Si les dés vous sont favorables, rendez-vous au **111**. Sinon, rendez-vous au **258**.

72

Les balles sifflent autour de vous mais, par miracle, aucune ne vous atteint. Bientôt, vous vous trouvez hors de portée. Quelques instants plus tard, vous vous laissez tomber, hors d'haleine, sur l'épais tapis de mousse d'un petit bois. Du sommet de la colline vous parvient une immense clameur : les cris de joie des Tuniques Rouges victorieux. Une victoire qui, cependant, leur a coûté cher. Très cher. Rendez-vous au **250**.

73

— Je vous suis, répondez-vous. Mais veillez à ce que les Anglais ne trouvent pas le chariot : ils auraient vite fait de remonter jusqu'à moi !

Et, après avoir adressé un dernier salut aux blessés, vous sautez en selle, derrière l'un des cavaliers. Pendant une heure ou deux, vous avancez au petit trot en direction de Boston. Aucun Anglais n'est en vue. Sans doute se sont-ils réfugiés dans la ville. Ne sachant pas trop quelle attitude adopter, vous décidez de regagner votre ferme, commençant à avoir quelques doutes sur l'organisation de ces Minutemen ! Rendez-vous au **171**.

74

— Ne tirez que sur mon ordre ! hurle un de vos officiers.

Les Anglais avancent toujours, mousquets pointés vers vous, les rayons du soleil étincelant sur leurs baïonnettes. Votre arme fermement en main, vous vous préparez à faire feu.

— Allez les gars, c'est le moment ! Montrons-leur de quoi nous sommes capables, reprend l'officier. Feu !

Testez votre Adresse pour savoir si vous touchez un ennemi. Si vous y parvenez, rendez-vous au **223**. Sinon, rendez-vous au **278**.

75

Pétrifié, vous voyez le Tunique Rouge presser la détente de son arme. Un souffle à votre oreille, accompagné d'un miaulement, vous fait dresser les cheveux sur la tête... et pousser un soupir de soulagement ! Il vous a manqué. Mieux vaut fuir au plus vite. Rendez-vous au **15**.

76

— Prends mon épée et donne-moi tes balles ! hurle votre voisin.

Ce que vous faites dans la seconde. Autour de vous, les Minutemen se défendent comme des diables, et les pertes sont lourdes chez les Tuniques Rouges. Mais l'ennemi est plus nombreux, mieux armé, et surtout bien plus discipliné. Assaut après assaut, il se rapproche, au point de ne plus être qu'à quelques mètres, seulement, de votre dernière ligne de défense. Soudain, bondissant par-dessus un remblais, un Tunique Rouge surgit devant vous. L'épée au poing, vous vous précipitez sur lui.

TUNIQUE
ROUGE HABILETÉ : 7 ENDURANCE : 3

Si vous êtes vainqueur, rendez-vous au **138**. Sinon, rendez-vous au **212**.

77

L'opération la plus délicate consiste donc à faire traverser le Delaware à l'armée entière. Et cela, sans attirer l'attention de l'ennemi. Au petit matin, les hommes commencent à s'embarquer. Vous-même êtes parmi les premiers. Debout, à la proue de votre embarcation, vous regardez approcher la rive tenue par les Hessois, prêt à tout. Mais vous débarquez, ainsi que l'armée, sans rencontrer la moindre opposition. A peine avez-vous mis pied à terre que, rassemblant vos hommes, vous vous mettez en route vers Trenton. Vous devez être l'un des premiers à y pénétrer. Rendez-vous au **50**.

78

— Nathan, si vous n'êtes pas pour nous, vous êtes contre nous ! s'écrie le capitaine.
— Je veux simplement qu'on me laisse en paix. Je n'ai rien contre le roi, répliquez-vous.
— Eh bien, adieu, dit-il.
Sans ajouter un mot, il se remet en selle et s'éloigne vers le nord. Vous le suivez du regard jusqu'à ce qu'il disparaisse à l'horizon, convaincu que malgré votre détermination à ne pas prendre partie, il y a bien peu de chance pour que l'on vous laisse tranquille très longtemps ! Rendez-vous au **41**.

77 *Debout à la proue de votre embarcation, vous regardez approcher la rive.*

79

Prenant la tête de vos hommes, vous vous dirigez vers l'avant-poste anglais. Et vous n'en êtes plus éloigné que de quelques centaines de mètres lorsque vous tombez pratiquement nez à nez avec une troupe de cavaliers. Des Loyalistes, qui sont aussi surpris que vous. Ils sont au nombre de douze, et vous êtes vingt. Lancez les dés : deux fois pour vos ennemis, et quatre fois pour vous, puis comparez les résultats obtenus. Si votre total est supérieur au leur, rendez-vous au **47**. S'il est inférieur, rendez-vous au **290**.

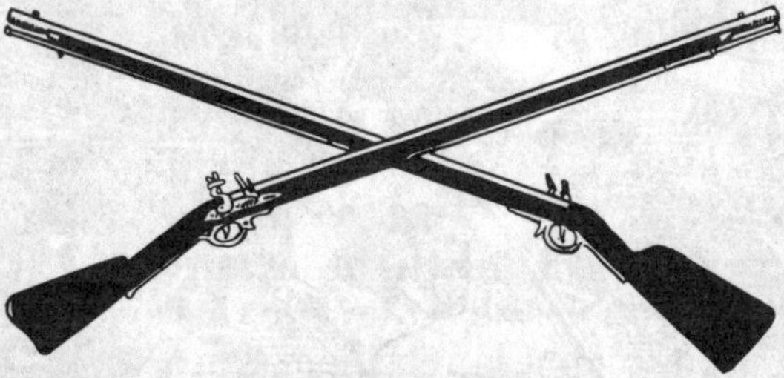

80

Mettant pied à terre, vous vous approchez du chariot. C'est alors qu'une poignée de Tuniques Rouges surgit de l'obscurité de part et d'autre de la route.

— Nous avons pris un espion, sergent ! s'écrie l'un d'eux.

— On essaie de filer pour raconter à ses amis rebelles ce qui se passe dans la ville, n'est-ce pas ? ajoute une autre voix sortie de l'ombre.

— Jamais de la vie, répliquez-vous furieusement. Je ne suis pas un espion. J'essaie simplement de retourner à ma ferme avant que les Rebelles ne la brûlent. Je suis fidèle au roi et j'ai risqué ma vie en refusant de me joindre à la rébellion.

— Alors pourquoi voyager en pleine nuit ? demande une autre voix.

— Parce que c'est la nuit que j'ai le plus de chance d'éviter les Rebelles, répondez-vous.
— Nous ferions mieux de vous garder avec nous. Prends son cheval, Jones, conclut le sergent.
— A vos ordres !
Rendez-vous au **121**.

81

Dans un râle, votre dernier adversaire s'effondre sur le sol. Par chance, le combat s'est déroulé derrière d'épais taillis, et les soldats anglais ne vous ont pas encore vu. Faisant volte-face, vous vous mettez à courir du plus vite que vous le pouvez. *Testez votre Chance.* Si les dés vous sont favorables, rendez-vous au **263**. Sinon, rendez-vous au **279**.

82

Vous parvenez à rentrer chez vous sans incident particulier. Mais la ferme est déserte. A l'évidence, les ouvriers ont rejoint la rébellion. Un peu plus tard, dans l'après-midi, vous voyez approcher un groupe d'hommes venant de Lexington. Parmi eux, vous reconnaissez un de vos voisins. Tous sont armés de mousquets ; aussi, vous saisissez votre arme que vous chargez rapidement. Car cette visite ne vous dit rien qui vaille. Allez-vous ouvrir le feu sans attendre (rendez-vous au **216**), ou préférez-vous prendre le risque d'aller à leur rencontre pour tenter de connaître la raison de leur venue (rendez-vous au **86**) ?

83

Alors que vous alliez céder à la panique, des clameurs s'élèvent au loin. Et votre surprise est grande en voyant arriver Washington en personne à la tête d'une grande partie de l'armée. Les Tuniques Rouges se sont immobilisés, mais ils ne cessent pas de tirer pour autant. Leur discipline est impressionnante. Soudain, provenant de derrière leurs lignes, éclate une intense fusillade. Aucun doute n'est possible : le commandant Henry Knox — un héros de l'armée américaine — les attaque à revers. Pris entre deux feux, les Anglais essaient de faire retraite par les côtés. Mais ils ne vont pas très loin, car le régiment de Rhode Island et la brigade du Massachussetts sont là pour leur barrer le chemin. L'espace d'un instant ils sont prêts à déposer les armes ; mais, sous l'impulsion de leurs officiers, ils parviennent, au prix de lourdes pertes, à se dégager du piège où ils étaient pris, et à refluer vers le sud. Sans leur laisser le temps de se regrouper vous partez à leur poursuite. Mais Washington vous arrête net : en effet, il serait trop risqué de vous éloigner car le général Cornwallis, commandant en chef des forces anglaises, n'est pas très loin d'ici, avec son armée tout entière. Forts de cette victoire, vous marchez sur Princeton. A l'issu d'un bref combat, la garnison se rend, et vous êtes maîtres de la ville. Quelques jours plus tard, vous vous remettez en route. Rendez-vous au **104**.

84

Plusieurs heures se sont écoulées lorsque, enfin, vous entendez des bruits de pas s'approcher de votre cellule. Dans un horrible grincement la porte s'ouvre, laissant apparaître le juge et le sergent.

— Cet homme vient de confirmer vos déclarations, dit le juge. Vous êtes libre, Deane. Dieu vous garde, et longue vie au roi !

— Longue vie au roi ! répétez-vous en poussant un soupir de soulagement.

Le soleil est haut dans le ciel, lorsque vous sortez de la prison. Et l'air embaume des premières senteurs de l'été. Il vous semble que tout ce que vous venez de vivre au cours de ces derniers jours s'est déroulé il y a des années, et vous vous sentez comme un homme neuf. Vous n'avez aucune envie de retourner à votre ferme : l'Amérique est un pays riche de promesses ; pourquoi ne pas vous embarquer pour New York et y commencer une nouvelle vie ? Vous passez le reste de la journée sur le port, à la recherche d'un navire acceptant de vous embarquer. En début de soirée, un capitaine vous prend à son bord, moyennant une modique somme. Au petit matin vous faites voile vers New York, que vous atteignez dans l'après-midi. Rendez-vous au **69**.

85

— Les amis, dites-vous, vous avez enduré nombre de privations depuis le début de cette guerre. Beaucoup des nôtres ont été blessés, ou tués. Je ne peux vous obliger à risquer votre vie dans un combat que nous ne pouvons gagner. Mais si nous nous enfuyons, nous mettrons Washington en grand danger. S'il y a des volontaires pour rester avec moi, qu'ils s'approchent. Pour la liberté, et pour l'Amérique !
— Pour la liberté et pour l'Amérique ! hurlent d'une seule voix tous vos compagnons en reprenant leur position.
Les Tuniques Rouges, quant à eux, commencent à traverser le gué en courant.
— Feu à volonté ! criez-vous.
Lancez deux dés pour vous, et trois dés pour les Tuniques Rouges. Si le résultat que vous obtenez est supérieur à celui de l'ennemi, rendez-vous au **53**.
Sinon, rendez-vous au **11**.

86

L'arme à la main, vous vous approchez lentement des cavaliers. Ils ont l'air furieux et vous ne tardez

pas à comprendre pourquoi. Manifestement, ils viennent de se battre car deux des hommes sont blessés.
— Nathan, vous apostrophe l'un d'eux, nous avons besoin de votre aide. Les Tuniques Rouges ont tiré sur nous et ont massacré huit des nôtres. Votre aide n'aurait pas été de trop à Lexington. Où étiez-vous ?
Abasourdi par cette nouvelle, vous jetez votre mousquet à terre afin de les aider à soutenir l'un des blessés, qui est affaissé sur sa selle.
— Portez-les dans la maison. Je vais aller chercher de l'eau et des pansements, répondez-vous brièvement.
Mettant pied à terre, les hommes transportent les blessés à l'intérieur de la maison et vous les rejoignez après avoir tiré de l'eau au puits.
— North a reçu un sale coup, grommelle l'un des hommes. Il risque de perdre la jambe.
Jetant un coup d'œil au genou ensanglanté du blessé, vous ne pouvez qu'acquiescer d'un signe de tête. C'est donc cela le vrai visage de la guerre !
— Je regrette de ne pas avoir été avec vous, murmurez-vous au bout d'un moment. Je ne savais que faire. Mais maintenant il semble que vous ayez raison. Vous pouvez compter sur moi.
Rendez-vous au **276**.

87

Faisant rapidement demi-tour, vous plongez dans les fourrés. Mais votre pied s'étant pris dans une racine, vous tombez lourdement à terre, au moment même où les barils de poudre explosent dans un vacarme épouvantable. Vous vous protégez comme vous le pouvez des débris de toutes sortes qui sifflent autour de vous. Mais vous ne pouvez rien faire pour éviter la roue d'un chariot qui roule vers vous à grande vitesse. Votre aventure se termine ici.

88

Fébrilement, vous attaquez avec votre couteau le bois protégeant les gonds de la porte. Par chance, il est à demi pourri. Au bout de quelques heures, il vous paraît possible d'enfoncer la porte d'un coup d'épaule, d'autant plus qu'il semble bien qu'il n'y ait personne dans le couloir. *Testez votre Force.* Si les dés vous sont favorables, rendez-vous au **298**. Sinon, rendez-vous au **51**.

89

Par chance, personne ne fait attention à vous alors que vous remontez à toute allure, les enfants hurlant dans vos bras et leur mère sur les talons, la rue principale du village. Hors d'haleine, vous vous arrêtez enfin en rase campagne. La prudence voudrait que vous les abandonniez ici, afin que vos compagnons ne remarquent pas votre absence. Si vous en décidez ainsi, rendez-vous au **277**. Mais si vous pensez que

89 *Vous remontez à toute allure la rue principale du village.*

femme et enfants n'auraient alors aucune chance de survivre, vous pouvez essayer, également, de les mettre en sûreté. Rendez-vous, dans ce cas, au **126**.

90

Vous l'avez échappé belle : la balle a frôlé votre oreille gauche ! Des coups de feu éclatent, maintenant, tout autour de vous. A l'évidence, vous êtes encerclé ; le plus sage est donc de fuir. Votre cheval est à quelques pas, et vous vous précipitez vers lui. Mais parviendrez-vous à l'atteindre ? *Testez votre Chance*. Si les dés vous sont favorables, rendez-vous au **288**. Sinon, rendez-vous au **227**.

91

Dans un réflexe vous faites un bond de côté, au moment même où une détonation retentit. En miaulant, une balle ricoche sur un muret, à quelques centimètres de votre tête ! Le mousquet à la main, prêt à faire feu, vous pivotez sur les talons... pour vous retrouver face à une femme. Tremblante, elle tient encore, pointé vers vous, le pistolet fumant avec lequel elle vient de tirer. Leurs petites mains crispées sur les plis de sa robe, deux enfants se serrent contre ses jambes en pleurant à chaudes larmes. Une situation à laquelle vous étiez loin de vous attendre ! Si, ne sachant quelle attitude adopter, vous préférez prendre la fuite, rendez-vous au **183**. Mais vous pouvez également, quelles qu'en puissent être les conséquences, essayer de sortir femme et enfants de cet enfer. Rendez-vous, dans ce cas, au **215**.

92

Les civils sont des Loyalistes de Boston servant d'éclaireurs aux Anglais, et les regards qu'ils vous jettent sont empreints de suspicion.

— Que faites-vous sur les routes de si bonne heure ? demande l'un d'eux.
— Je vais à Boston ; je ne veux rien avoir à faire avec cette maudite rébellion, répondez-vous.
— Rébellion ? Que savez-vous de la rébellion ?
— Peu de chose en fait. Sinon que mes voisins sont en train de vous préparer une drôle de réception à Lexington !
— Nous le savons. Nous avons capturé deux de leurs espions. Combien sont-ils ?
— Peu, je pense. Quelques douzaines peut-être. Mais leur détermination est grande. Sans doute serait-il plus sage que vous rebroussiez chemin et que vous les laissiez se calmer.
Un officier anglais s'est approché de votre petit groupe.
— Mon lieutenant, reprend le Loyaliste, cet homme confirme ce que nous craignions. Les Rebelles nous attendent à Lexington.
— Vous allez devoir venir avec nous, vous dit le lieutenant. Nous ne pouvons prendre le risque de vous laisser courir la campagne maintenant que vous nous avez vu. Je suis le lieutenant William Sutherland, aide de camp du commandant Pitcairn. Veuillez mettre pied à terre, monsieur.
Rendez-vous au **230**.

93

— Désolé, Walker, dites-vous à l'homme qui vient de vous adresser la parole. Sans doute les ordres sont-ils tels que vous venez de le rappeler, mais ces Rebelles viennent de jeter leurs armes parce qu'ils ont eu confiance en nous. Ils sont nos prisonniers, et je saurais le préciser de la manière qu'il faut à quiconque, parmi vous, en douterait !
Walker vous jette un regard haineux, mais il n'insiste

pas. Il ne fait aucun doute que vous venez de vous faire un ennemi ; et qu'il vous le montrera le moment venu. Sans plus y penser, vous vous mettez en marche pour rejoindre la colonne. Alors, vous faites votre rapport aux officiers qui la commandent. Rendez-vous au **204.**

94

Votre hésitation est de courte durée. Car, parmi tous les hurlements qui s'élèvent maintenant du village entier, vous entendez des cris d'enfants ! Tournant la tête en tous sens, vous finissez par en découvrir la provenance : une pauvre chaumière encore épargnée par les flammes, vers laquelle vous vous précipitez. Saisissant au passage une torche brandie par un soldat anglais, vous vous retrouvez devant la porte que vous enfoncez d'un coup d'épaule. Suivant les ordres qui vous ont été donnés, allez-vous jeter la torche à l'intérieur de la chaumière sans autre forme de procès (rendez-vous au **281**), ou préférez-vous pénétrer à l'intérieur de la bâtisse pour voir de quoi il s'agit (rendez-vous au **215**) ?

95

Certes, vous êtes vainqueur. Mais vous avez reçu de nombreuses blessures et vous êtes au bord de l'épuisement. Les Tuniques Rouges avancent maintenant en rangs serrés, baïonnette au canon, certains de la victoire. Quelques coups de feu claquent encore. Mais vos positions sont perdues. Mieux vaut fuir. Rendez-vous au **280**.

96

Interdit, vous vous retournez d'un bloc. Le colonel vous fait face, un pistolet à la main.

— Désolé, Deane, dit-il. L'armée ne peut admettre

la désertion. Surtout en temps de guerre. Voici qui vous évitera un procès honteux et le peloton d'exécution.
La balle vous frappe en plein cœur. Sans doute auriez-vous dû rester à l'écart de cette guerre. Mais le destin vous en a-t-il donné le choix ?... Votre aventure se termine ici.

97

Les morts enterrés, les blessés soignés, vous essayez de prendre quelques heures de repos. Mais le sommeil vous fuit. Ainsi, c'est cela la guerre : tuer des hommes qui ne vous ont rien fait, dont vous ne connaissez même pas le visage... Au petit matin, vous êtes toujours agité par de sombres pensées, regrettant presque de vous être engagé. Mais ce qui est fait est fait. Aussi n'hésitez-vous pas un seul instant lorsque le sergent donne l'ordre du départ. Dans la matinée vous croisez une piste que vous n'aviez pas remarquée jusqu'alors. Après l'avoir soigneusement examinée, l'éclaireur indien déclare :
— Nombreux hommes et nombreux chariots passés ici, hier !
— Bien, réplique le sergent. Nous allons la suivre. Un volontaire avec moi !
Allez-vous vous porter volontaire (rendez-vous au **234**) ou préférez-vous rester avec vos compagnons (rendez-vous au **182**) ?

98

D'un signe vous ordonnez à deux de vos hommes de s'approcher du cheval, vous-même et le reste de la section restant à couvert, prêt à faire feu à la moindre alerte. L'animal ne présentant aucun indice susceptible de donner la moindre indication sur son propriétaire, les deux éclaireurs s'enfoncent dans le sous-bois. Quelques minutes plus tard ils sont de retour, vous annonçant que la voie est libre. En compagnie du reste de vos hommes, vous allez à leur rencontre. Mais à peine avez-vous fait deux pas que des coups de feu éclatent de toutes parts. Trois de vos compagnons s'effondrent, mortellement atteints. Vite, il faut prendre une décision. Allez-vous battre en retraite (rendez-vous au **275**) ou riposter coûte que coûte (rendez-vous au **159**) ?

99

Résister serait une folie. Aussi, vous jetez votre arme. C'est alors qu'un coup de feu claque derrière vous. A l'évidence, la réponse d'un Minuteman à l'officier anglais ! La réplique des Tuniques Rouges est immédiate, et c'est un déluge de balles qui s'abat sur vous et vos compagnons. Frappés de plein fouet, les hommes tombent comme des mouches autour de vous. Allez-vous ramasser vos armes et riposter (rendez-vous au **71**) ou courir vers l'abri le plus proche (rendez-vous au **133**) ?

100

Sans prendre le temps d'ajuster votre coup, vous tirez. Et vous ratez votre cible ! La balle ne fait qu'effleurer l'homme, qui plonge dans un épais buisson. C'est alors que vous entendez, provenant de votre camp, de nombreux coups de feu ponctués de cris. Allez-vous revenir sur vos pas en toute hâte pour prêter main-forte à vos compagnons (rendez-vous au **201**) ou attendre prudemment la fin du combat (rendez-vous au **267**) ?

101

Agile comme un chat, vous vous jetez sur l'homme, et vous lui assenez un coup des plus violents sur la nuque, qui l'assomme pour le compte. Sans perdre

101 *Vous dissimulez le corps dans un fourré.*

une seconde, vous dissimulez le corps dans un fourré puis, vous tournant vers vos hommes, vous leur donnez le signal de l'attaque. Baïonnette au canon, ils chargent. Rendez-vous au **65**.

102

Comme on vous l'avait promis, un bateau vous attend et, bientôt, vous vous retrouvez en sécurité sur l'autre rive de l'Hudson. L'armée tout entière est également repliée sur cette rive. Bien entendu, ce ne sont pas vos seuls modestes exploits qui ont permis à Washington de réussir cette manœuvre. A d'autres détachements était assignée une tâche précise, et chacun d'eux avait la certitude que le sort de la guerre reposait sur sa seule détermination. Mais n'est-ce pas ainsi que l'on arrive à forcer le destin... Toujours est-il que vos officiers ont été si satisfaits de votre attitude, et de votre aptitude au commandement, qu'ils vous ont élevé au grade de sergent. Une promotion rapide qui ne manque pas de vous surprendre. Deux jours plus tard, vous en avez l'explication.

Vous apprenez, en effet, que Washington a l'intention d'attaquer la ville de Trenton, gardée par des mercenaires hessois. Une entreprise des plus téméraires car, ayant été battu à plusieurs reprises, Washington veut frapper les Anglais fort, et dur. Il veut les frapper là où ils s'y attendent le moins, profitant de la saison la moins favorable au combat : l'hiver. Aussi a-t-il décidé d'investir la ville à l'aide de bateaux. Pour cela ses officiers ont constitué des petites unités très mobiles, commandées par des hommes d'expérience tels que vous. A l'issue d'une courte marche vers le sud, vous atteignez la rive est du Delaware, quelques jours avant Noël. Rendez-vous au **187**.

103

— C'est entendu, mon capitaine, dites-vous. Mais je laisse à mes hommes la liberté de leur décision. Je ne peux parler qu'en mon nom.

— Je savais que nous pouvions compter sur vous, Nathan. Maintenant je dois vous quitter. Il faut que je me rende à la ferme de Greene. Nous nous retrouverons à Lexington.

Sur ces mots, il saute en selle et s'éloigne au galop en direction du nord après vous avoir salué. Le cœur lourd, vous revenez vers votre maison. Qui sait si vous ne la voyez pas pour la dernière fois ? Vos ouvriers dorment encore : il vous est encore possible de changer d'avis. Si vous décidez de vous en tenir à votre choix, rendez-vous au **16**. Si vous préférez vous enfuir, rendez-vous au **196**.

104

Marcher, battre en retraite, combattre et encore marcher, tel a été votre sort au cours de ces derniers mois, et votre fatigue est grande. L'armée a pris ses quartiers d'hiver non loin de Morristown, à une cinquantaine de kilomètres à l'est de New York. Un hiver rigoureux, peu propice à donner le moral aux soldats. Au cours du printemps et de l'été suivant, les opérations militaires sont réduites au minimum : quelques escarmouches de part et d'autre. Il n'en est malheureusement pas de même ailleurs. En effet, la nouvelle vous parvient que les Anglais ont repris Fort Ticonderoga. Pis encore, les Tuniques Rouges du général Howe ont débarqué à Staten Island, à quelques kilomètres au sud de New York. De crainte que les Anglais n'attaquent Philadelphie, siège du Congrès et du Gouvernement américain, Washington décide de conduire l'armée vers le sud, sur les bords de la Brandywine — une petite rivière —, à une trentaine de kilomètres à l'est de Philadelphie. Nous sommes au mois de septembre 1777. Votre régiment a pris position face au gué de Chad's Ford, avec pour mission d'empêcher l'ennemi de traverser la rivière. Dans le courant de la matinée, les éclaireurs chargés de surveiller les mouvements de l'armée ennemie vous annoncent que 5 000 hommes s'avancent vers la Brandywine. Une partie, seulement, des forces dont dispose Howe, certainement supérieures aux quelque 11 000 hommes de Washington. Un peu plus tard, c'est plus de 7 000 Tuniques Rouges qui ont été vus marchant sur le flanc droit de l'armée. Le combat s'annonçant par trop inégal, Washington décide de battre en retraite, laissant votre régiment en arrière-garde pour retarder l'ennemi. Ce qui n'a rien de réjouissant ! Comment allez-vous pouvoir résister à plus de dix contre un ? Si vous décidez de vous dissimuler dans les fourrés en attendant que les Anglais vous aient dépassé, rendez-vous au **200**. Mais si vous préférez remplir votre mission et ce, quelles qu'en soient les conséquences, rendez-vous au **23**.

105

Vous avez été bien inspiré de contourner l'avant-poste. Car si vous aviez choisi de l'attaquer de front, vous vous seriez heurté à la douzaine de cavaliers loyalistes que vous venez d'apercevoir, embusqués à quelques centaines de mètres de l'endroit où vous vous trouvez. D'autre part, vous avez eu la sagesse d'envoyer des éclaireurs en avant. De retour, ils vous annoncent qu'une seule sentinelle garde votre objectif. La chance semble vous sourire. Voulant vous charger vous-même de la sentinelle, vous vous en approchez en bondissant d'un arbre à l'autre. *Testez votre Agilité*. Si les dés vous sont favorables, rendez-vous au **282**. Sinon, rendez-vous au **115**.

106

— Deane, une dernière fois : laissez-nous passer ! Baissez votre arme !

— Mais enfin, ils n'attaqueront plus personne, répondez-vous sans grande conviction. Tout ce qu'ils désirent, c'est atteindre Boston le plus vite possible.

Il est évident que vous n'arriverez pas à le convaincre. Et comme, en fait, il serait stupide de perdre la vie pour sauver deux Tuniques Rouges, vous murmurez :

— Après tout, vous avez peut-être raison...

Maintenant, allez-vous suivre Tobias et ses hommes (rendez-vous au **114**) ou préférez-vous ne pas vous mêler de cette chasse à l'homme (rendez-vous au **193**) ?

107

Faisant un brusque crochet pour éviter l'officier, vous continuez à dévaler la colline.

— Lâche ! vous crie-t-il.

Vous n'avez parcouru que quelques mètres lorsqu'un coup de feu retentit. *Testez votre Chance* pour savoir si vous êtes touché. Si les dés vous sont favorables, rendez-vous au **61**. Sinon, rendez-vous au **279**.

108

Votre cheval se trouve à quelques mètres, et vous vous élancez en courant dans sa direction. *Testez votre Chance* pour savoir si vous pourrez l'atteindre. Si les dés vous sont favorables, rendez-vous au **288**. Sinon, rendez-vous au **227**.

109

Dissimulés dans les taillis bordant le chemin, vous voyez les cavaliers passer au pas devant vous. Dès qu'ils se sont suffisamment éloignés, vous les suivez : peut-être l'occasion vous sera-t-elle donnée de vous emparer de leurs montures... Au bout d'un kilomètre, environ, vous les voyez prendre un chemin de traverse menant à une ferme, devant laquelle ils mettent pied à terre. Six d'entre eux disparaissent dans un bâtiment, le septième montant la garde. Le moment vous paraît des plus propices pour les attaquer. Mais avant tout, vous devez vous débarrasser de la sentinelle. *Testez votre Chance.* Si les dés vous sont favorables, rendez-vous au **173**. Sinon, rendez-vous au **8**.

110

Vous apprenez que Washington a été promu commandant en chef de l'armée des Patriotes par le Congrès. Une nouvelle qui vous réjouit car, si vous n'avez jamais rencontré cet homme, nombreux sont ceux qui vous ont vanté son courage et sa ténacité. Sans doute est-il le mieux à même d'organiser l'armée, de redonner ardeur et détermination aux combattants américains ! L'été, l'automne et l'hiver se passent sans incidents marquants : attaques et contre-attaques se sont succédées autour de Boston, mais sans que l'une ou l'autre partie en ait tiré un avantage quelconque. C'est alors, qu'enfin, une nouvelle d'importance vous parvient : l'artillerie prise aux Anglais lors de la victoire de Ticonderoga serait sur le point d'arriver ! Et, effectivement, vers la fin du mois de janvier 1776, l'armée de Washington reçoit ses premiers canons dignes de ce nom. En mars, l'artillerie déployée sur les Dorchester Heights — des collines dominant la ville — ne laisse aux Anglais pas d'autre choix que d'évacuer Boston. Le 17 du même mois, leurs navires de guerre font voile vers l'Angleterre. Pour vous, cette victoire est d'une telle importance que vous n'hésitez pas une seconde à signer un engagement d'un an dans le 21e régiment continental placé sous les ordres du général de brigade Sam Parsons. Au terme d'un rude entraînement, le 21e se met en marche vers New York, afin d'empêcher les Anglais d'investir la ville. Et votre régiment y a pris ses quartiers depuis quelques semaines lorsque l'indépendance de votre pays est déclarée par le Congrès, le 4 juillet. Votre joie, ainsi que celle de tous vos compagnons et de tous les habitants de New York est à son comble. Les fêtes se succèdent. C'est alors que vous apprenez que les Anglais viennent de débarquer non loin de la ville. Rendez-vous au **7**.

111

Jetant un regard autour de vous, vous voyez de nombreux miliciens s'effondrer, touchés par les balles des Tuniques Rouges. Il serait suicidaire d'essayer de leur faire front. Votre seule chance de survie est de trouver un abri. Aussi, c'est avec l'énergie du désespoir que vous vous précipitez vers le bâtiment le plus proche. Avant d'en enfoncer la porte, vous vous retournez pour décharger, une dernière fois, votre arme. *Testez votre Adresse.* Si vous êtes adroit, rendez-vous au **13**. Sinon, rendez-vous au **207**.

112

Le soldat vous accompagne d'un air renfrogné dans la ville.

— Alors, comme cela vous venez de Lexington ? vous demande-t-il.

— Oui. Mes voisins sont déterminés à se battre contre l'armée et le roi, expliquez-vous.

— Ils devraient pourtant savoir que nous finirons de toute façon par les vaincre, dit-il. S'ils avaient un minimum de bon sens, ils comprendraient qu'il vaut mieux renoncer maintenant.

Vous acquiescez d'un signe de tête. En fait, tout ce que vous voulez, c'est cultiver vos champs et qu'on vous laisse en paix.

— Nous y voilà, déclare le soldat. Adressez-vous au sergent qui est dans le bureau. Il s'occupera de vous.

Rendez-vous au **55**.

113

En hurlant, vous vous précipitez vers les quatre hommes et, avant qu'ils ne soient revenus de leur surprise, vous tirez. L'un d'eux roule à terre, mortellement touché. Aussitôt ses trois compagnons épaulent

113 *L'un des quatre hommes roule à terre, mortellement touché.*

leur arme et font feu. *Testez votre Chance.* Si les dés vous sont favorables, rendez-vous au **210**. Sinon, rendez-vous au **289**.

114

Les deux Tuniques Rouges ont détalé à travers champs. Donnant l'ordre à deux de ses hommes de prendre un chemin de traverse pour leur couper la route, Tobias s'élance au pas de course à la poursuite des fuyards. Bientôt, vous talonnez vos ennemis. C'est alors que vous glissez, et que vous roulez au fond d'un fossé. Néanmoins, vous vous retrouvez vite sur pied, prêt à faire feu. *Testez votre Adresse.* Si les dés vous sont favorables, rendez-vous au **221**. Sinon, rendez-vous au **5**.

115

Malédiction ! Vous n'étiez plus qu'à quelques mètres de l'homme lorsque vous avez mis le pied sur une branche morte. Se retournant d'un bloc, la sentinelle fait feu. *Testez votre Chance.* Si les dés vous sont favorables, rendez-vous au **130**. Sinon, rendez-vous au **279**.

116

Durant toute la journée, vous entendez de lointains coups de fusils. Vos ouvriers ont disparu, mais vous ignorez s'ils se sont purement et simplement enfuis ou s'ils se sont joints aux Minutemen. Vers la fin de l'après-midi, vous apercevez un groupe de huit hommes à cheval venant de Lexington. Parmi eux, vous reconnaissez l'un de vos voisins. Ils sont tous armés de mousquets et se dirigent droit sur votre ferme. Instinctivement, vous saisissez votre arme, que vous chargez rapidement ; car cette visite ne vous dit rien qui vaille. Allez-vous tirer sans attendre dans l'espoir d'en toucher deux ou trois avant qu'ils n'arrivent jusqu'à vous (rendez-vous au **216**) ou préférez-vous aller à leur rencontre pour leur parler et savoir ce qui les amène (rendez-vous au **86**) ?

117

Quelques minutes s'écoulent sans que vous, ou l'un de vos compagnons, n'osiez faire un geste. Jusqu'à ce qu'un gigantesque... éclat de rire ne vous fasse sursauter !

— Ne tirez pas, les gars ! hurle le sergent en apparaissant au bout de la piste. Tout va bien ! Mais Rener doit être un peu myope : il n'arrive pas à faire la différence entre un Rebelle et un ours ! C'est lui qui a tiré, et le pauvre animal doit être mort de rire, à l'heure qu'il est...

Rener, quant à lui, est livide. Sans doute l'a-t-il échappé belle.

— Inutile de rester ici plus longtemps, ajoute le sergent. Si les Rebelles sont passés sur cette piste, ils doivent être loin, maintenant.

Rendez-vous au **231**.

118

Touchés par vos balles, six cavaliers roulent à terre. Le dernier essaie de s'enfuir ; mais vous ne pouvez le laisser faire, car il pourrait signaler votre présence. Aussi, sans hésiter, vous bondissez sur le chemin et, attrapant l'homme par la jambe, vous le désarçonnez. Il ne lui faut qu'une seconde pour se relever, l'épée à la main. Vous allez devoir le combattre.

LOYALISTE HABILETÉ : 4 ENDURANCE : 4

Si vous êtes vainqueur, rendez-vous au **156**. Sinon, rendez-vous au **212**.

119

Éperonnant votre cheval, vous fuyez du plus vite que vous le pouvez. Derrière vous les Tuniques Rouges hurlent, vous sommant de vous arrêter. Mais vous n'en continuez pas moins à galoper. Soudain, vous faites face à une haute haie. *Testez votre talent d'Équitation.* Si les dés vous sont favorables, rendez-vous au **283**. Sinon, rendez-vous au **258**.

120

Bien que les Rebelles occupent le fort de Ticonderoga, c'est par l'Hudson et les chemins qui longent ce fleuve qu'ils acheminent armes et ravitaillement. Un beau matin, votre compagnie quitte Montréal. Sa mission : intercepter les convois ennemis. Vingt Loyalistes, trois soldats anglais et quelques éclaireurs indiens vous accompagnent. Après avoir longé le lac Champlain sur sa rive est, vous atteignez le fleuve que vous descendez sur des radeaux pendant une vingtaine de kilomètres. Puis vous abandonnez vos embarcations pour vous enfoncer dans la forêt. Les éclaireurs indiens repèrent rapidement de nombreuses traces, indiquant le passage récent d'hommes et de chariots. Mais s'agit-il des pistes empruntées par les Rebelles ? L'officier commandant la compagnie décide alors de vous diviser en deux groupes. C'est ainsi que vous vous retrouvez avec dix Loyalistes, un Tunique Rouge et un éclaireur indien. Pendant quatre jours, vous parcourez, en vain, les nombreuses pistes traversant la forêt. Au soir du quatrième jour, vous installez votre bivouac dans une clairière. La nuit est tombée depuis longtemps lorsque vient votre tour de monter la garde. Une couverture sur les épaules, l'arme à portée de la main, vous vous installez auprès du feu, alors que vos compagnons sont profondément endormis. Soudain, le craquement d'une branche morte vous fait sursauter. Vous vous levez d'un bond, tous les sens en alerte, prêt à tirer. Allez-vous vous diriger vers l'endroit d'où est provenu le bruit (rendez-vous au **42**), rester sur place et tirer sur tout ce qui bougera (rendez-vous au **217**) ou réveiller vos compagnons (rendez-vous au **243**) ?

121

Les mains liées derrière le dos, vous suivez les Tuniques Rouges qui vous ramènent à Boston. Arrivé à la prison de la ville, un officier note votre nom, sans prêter la moindre attention à vos protestations d'innocence. Puis vous êtes jeté dans une cellule.

— Vous comparaîtrez devant le juge dans le courant de l'après-midi, vous déclare le geôlier avant de claquer la porte.

« Voilà où mène la fidélité », pensez-vous. « Maudits Anglais ! » Néanmoins, la situation n'est pas si désespérée qu'il y paraît. Car les Tuniques Rouges ne vous ont pas fouillé, et vous possédez toujours votre couteau. Des idées d'évasion commencent à germer dans votre esprit ! Si, sûr de votre bon droit et confiant dans la justice, vous décidez d'accepter de passer en jugement, rendez-vous au **52**. Mais si vous préférez tenter de vous évader, rendez-vous au **88**.

122

Un dernier coup d'épée vient de faire passer de vie à trépas votre adversaire. Sans vous attarder sur votre victoire, vous ramassez votre mousquet que vous rechargez puis, après vous être assuré que d'autres ennemis ne rôdaient pas dans les environs, vous rejoignez vos compagnons. Peu de temps après vous êtes de retour auprès de la colonne, et vous faites votre rapport à l'officier la commandant. Rendez-vous au **204**.

123

— Vous avez raison, dites-vous la tête basse. Je suis désolé de m'être conduit ainsi.
— Allons, allons, reprend l'officier. Nous avons tous nos moments de doute et de découragement. Bonne chance, mon garçon !
Quelques instants plus tard, vous êtes de nouveau au sommet de la colline. Vos compagnons vous ont accueilli à grand renfort de claques dans le dos, et vous êtes fermement résolu à accomplir votre devoir du mieux possible. Rendez-vous au **162**.

124

Rien à faire : Walker vous tient ! Si vous hésitez, ne serait-ce qu'une seconde, il vous tue. Aussi, vous tendez les deux enfants à leur mère puis, tournant les talons, vous vous éloignez la tête basse. Rendez-vous au **183**.

125

Il s'agit de Minutemen, et ils pointent leurs mousquets sur vous. Vous n'avez pas d'autre choix que de vous rendre. Réfléchissant rapidement, vous décidez qu'il serait plus prudent de feindre d'être dans leur camp. L'un des hommes saisit la bride de votre monture et vous sautez à terre d'un mouvement souple. Tous ces hommes qui vous entourent maintenant sont des fermiers de la région armés pour faire la guerre et prêts à tirer au moindre mouvement suspect. Vous avez intérêt à parler sans plus attendre et, si vous tenez à la vie, il vaudrait mieux être convaincant !
— J'apporte des nouvelles sur les mouvements des troupes anglaises et sur leurs défenses, dites-vous. J'ai risqué ma tête pour sortir de Boston. A qui puis-je faire mon rapport ?

Un homme courtaud, armé d'un fusil de chasse, surgit de l'ombre et se met à vous détailler des pieds à la tête.
— Qui êtes-vous ? demande-t-il. C'était sacrément téméraire de votre part ! Quelles informations avez-vous à nous donner ? Je suis le seul officier par ici.
— Les Anglais ont renforcé tous les accès de la ville. Ils ont installé des ouvrages de défense sur toutes les hauteurs et leurs navires de guerre surveillent les chemins côtiers, déclarez-vous.
— Je vois. D'où êtes-vous ? demande-t-il.
— De Lexington. Je me trouvais à Boston pour affaires, lorsque tout cela est arrivé, répondez-vous.
Paraissant satisfait de vos réponses, il ordonne à ses hommes de vous laisser continuer votre chemin. Vous n'êtes pas mécontent de vous, car vous ne lui avez rien révélé qu'il eût pu découvrir par lui-même dès le lever du soleil. Ayant souhaité bonne chance à toute la troupe, vous vous remettez en route. Ce serait de la folie maintenant de tenter de retourner à Lexington, car il est évident qu'il ne va pas tarder à se rendre compte que vous l'avez berné. Par chance, ils n'ont pas eu la mauvaise idée de vous demander votre nom. La seule chose à faire est de quitter le pays, et de vous diriger vers New York. Rendez-vous au **284**.

126

Une dernière fois vous vous retournez pour regarder le village en flammes, et adresser un adieu silencieux à tous vos compagnons. Car votre décision est prise : la guerre n'est pas pour vous, et vous allez vous mettre en route pour rejoindre votre famille, en Californie. Mais avant tout, il faut conduire cette femme et ses enfants, que vous venez de sauver, à l'abri. A Montréal, vous avez fait la connaissance d'un vieil

125 *Des Minutemen pointent leurs mousquets sur vous.*

horloger habitant seul une grande demeure. Nul doute qu'il ne refusera pas d'accueillir ceux que vous allez lui amener. C'est effectivement ce qui se passe. Quant à vous, vous ne vous attardez pas dans la ville, car vous avez dû être signalé comme déserteur depuis longtemps. Pendant de longues années vous voyagez à travers le continent américain, exerçant des métiers divers pour survivre, évitant mille fois la mort, vivant mille aventures extraordinaires. Lorsqu'enfin, par un beau matin du 3 septembre 1783, vous arrivez à San Francisco, vous apprenez que les Tuniques Rouges ont été définitivement vaincus à Yorktown, deux ans auparavant, par l'armée américaine aidée de régiments français commandés par Rochambeau et La Fayette. Ce que vous apprendrez beaucoup plus tard, c'est qu'en ce jour même était signé à Paris le traité par lequel les Anglais reconnaissaient à tout jamais l'indépendance des États-Unis d'Amérique.

127

Vous galopez à travers champs et, quelques heures plus tard, vous arrivez en vue de Boston. En vous approchant de l'entrée de la ville, vous apercevez un barrage gardé par des Tuniques Rouges. Ralentissant l'allure, vous vous en approchez. Rendez-vous au **20**.

128

Les balles vous manquent, mais quelques-uns de vos hommes ne sont pas aussi chanceux que vous. Votre troupe est maintenant réduite à moins de dix hommes valides et vous ne pouvez continuer le combat dans ces conditions. Il faut vous replier. Vous battez le rappel de vos hommes et, vous chargeant de tous les blessés, vous revenez en toute hâte vers le fleuve.

Heureusement, les Anglais ne semblent guère disposés à vous poursuivre. Rendez-vous au **102**.

129

En moins de temps qu'il n'en faut pour le dire, tous les Rebelles sont vaincus. Rapidement, vous inspectez les environs pour vous assurer que d'autres ennemis ne rôdent pas à proximité puis, rassuré sur ce point, vous rejoignez vos compagnons. Peu de temps après vous êtes de retour auprès de la colonne, et vous faites votre rapport à l'officier la commandant. Rendez-vous au **204**.

130

Dans un réflexe désespéré, vous plongez à terre. La balle ne fait que vous effleurer le cuir chevelu. Cependant, le fracas de la détonation a alerté les Tuniques Rouges qui se ruent, à présent, hors du poste. Quant à vos hommes, ils interprètent le coup de feu comme le signal de l'assaut. Pour l'instant, les Anglais tirent sur vous à coups redoublés. *Testez votre Chance.* Si les dés vous sont favorables, rendez-vous au **128**. Sinon, rendez-vous au **279**.

131

Estimant que vous en avez suffisamment fait pour aujourd'hui, et qu'il serait stupide de risquer un nouvel affrontement avec les Anglais, vous décidez de rentrer chez vous. En chemin, vous ruminez de sombres pensées quant aux événements que vous venez de vivre. Soudain, vous vous arrêtez net : votre chariot est resté en ville ! Si les Anglais le découvrent, nul doute qu'il leur sera facile de remonter jusqu'à vous... Comme il serait pure folie de retourner à Lexington, vous reprenez votre route en maudissant le sort. Enfin vous arrivez en vue de votre ferme. Au moins êtes-vous sain et sauf et chez vous, alors que nombre de vos voisins gisent, sans vie, sur la grand-place de la ville. Rendez-vous au **171**.

132

Au moment même où vous allez appeler vos hommes à la rescousse, la porte du comptoir s'ouvre à la volée. N'écoutant que votre courage, vous vous précipitez dans la cabane, pour vous retrouver face à un Rebelle. Un mousquet à la main, il tire sur vous à bout portant. *Testez votre Chance.* Si les dés vous sont favorables, rendez-vous au **188**. Sinon, rendez-vous au **289**.

133

Sans demander votre reste, vous fuyez à toutes jambes en compagnie de quelques-uns de vos malheureux compagnons. Les balles sifflent autour de vous, et c'est miracle si vous n'êtes pas touché. Jamais vous ne saurez comment vous êtes sorti de la ville, mais à l'évidence, vous êtes sain et sauf ! Rendez-vous au **15**.

134

Plus de neuf cents prisonniers et six canons pris à l'ennemi : la victoire est totale ! Trenton ne présentant plus aucun danger, l'armée se met en route vers Princeton, devant laquelle elle arrive le 3 janvier 1777, non sans avoir entre-temps remporté une nouvelle victoire à Wood Creek. Votre régiment est placé sous les ordres du commandant Mercer et reçoit pour mission de détruire le pont de Stony Brook, afin d'empêcher les Tuniques Rouges de renforcer la garnison de la ville. Alors que vous faites mouvement vers le pont, deux régiments de Tuniques Rouges surgissent sur votre droite.

L'affrontement est inévitable et, déjà, on tire de part et d'autre. Cependant votre commandant semble incapable de prendre la moindre décision. L'inquiétude gagne vos rangs alors que la pression anglaise est de plus en plus forte. Quelques hommes commencent même à s'enfuir. Allez-vous également prendre la fuite (rendez-vous au **83**) ou essayer de tenir coûte que coûte (rendez-vous au **4**) ?

135

Maintenant toujours votre cheval au pas, vous contournez sans bruit le bivouac des Tuniques Rouges. Et ce n'est qu'au bout de longues minutes que vous reprenez le galop. Mais vous n'allez pas loin. En effet, après quelques kilomètres vous vous arrêtez net en découvrant, au bas d'une colline, des centaines de points lumineux. A l'évidence, vous vous trouvez devant l'armée des Rebelles ! Et qui vous barre le chemin de Lexington. Impossible, cette fois, de faire un détour : il doit y avoir des patrouilles partout. Impossible, également, de revenir sur vos pas : les Tuniques Rouges ne manqueraient pas de vous arrêter pour espionnage. Mieux vaut quitter la région et gagner New York où, personne ne vous connaissant, vous pourrez vous faire oublier. Rendez-vous au **284**.

136

— La malchance était avec vous, Deane, vous dit l'officier après vous avoir écouté. Il est dur de perdre deux hommes ; malheureusement, c'est la loi de la guerre.
Il vous apprend que votre mission n'était qu'une manœuvre de diversion qui a permis à d'autres détachements d'examiner en détail le système défensif des Anglais. L'attaque se portera sur deux casemates

qui paraissent commander l'ensemble de ce système. Le 14 octobre 1781, à la faveur de la nuit, l'armée tout entière s'ébranle en direction des deux ouvrages fortifiés. Vous faites partie des premières lignes, fermement convaincu que cette dernière bataille sonnera le glas des espoirs anglais. Rendez-vous au **181**.

137

Enfin, vous atteignez la rive nord de la Mohawk. A quelques kilomètres de là, le fleuve se jette dans l'Hudson. Et Albany ne sera plus, alors, très éloignée. Le haut commandement a déjà dépêché nombre de patrouilles pour intercepter les éventuels détachements de Rebelles qui pourraient signaler votre présence. Pour plus de sécurité, il a partagé votre régiment en deux colonnes : l'une devant descendre la rive nord, et l'autre, la rive sud. Comme il vous est possible de choisir l'une ou l'autre de ces colonnes, allez-vous rester sur la rive nord (rendez-vous au **228**), ou préférez-vous suivre la rive sud (rendez-vous au **172**) ?

138

Votre dernier coup d'épée a été fatal au Tunique Rouge, qui s'effondre sans vie à vos pieds. Autour de vous, la situation n'est pas brillante. Les Anglais ont investi votre camp, et ceux des Minutemen qui ne se battent pas en de furieux corps à corps, se replient comme ils le peuvent sur l'autre versant de la colline. A l'évidence la bataille est perdue, et sans doute le plus sage est-il de participer au repli général. Aussi, vous commencez à reculer du plus vite que vous le pouvez. C'est alors que deux autres Tuniques Rouges se précipitent sur vous. Vous pouvez, bien entendu, les affronter. Rendez-vous alors au **189**. Mais per-

137 *En deux colonnes, votre régiment longe les rives de la Mohawk.*

sonne ne vous en voudra si vous décidez de fuir ! Rendez-vous, dans ce cas, au **280**.

139

A l'évidence, Washington doit se diriger vers Philadelphie avec l'intention de défendre la ville. Vous décidez donc de vous y rendre également, mais en prenant soin de faire un grand détour. La campagne est déserte : les habitants, pressentant l'imminence de la bataille, ont fui, ou se terrent dans leurs demeures. Rendez-vous au **18**.

140

A Lexington, de nombreux fermiers sont déjà réunis sur la grande place, non loin de l'église. Tous se tiennent là le visage grave, dans un silence oppressant, fermement déterminés à défendre leur liberté. Quelques heures plus tard, la quasi-totalité des fermiers des environs vous ont rejoints. Le capitaine Parker, quant à lui, semble préoccupé. En effet, s'il a reçu l'ordre de vous rassembler ici, personne ne lui a donné la moindre instruction sur l'attitude à adopter pour le cas où l'armée anglaise surviendrait. Soudain, vous percevez, provenant de la route de Boston, le son de tambours et de fifres. Retrouvant toute son autorité, Parker vous fait mettre en lignes. Il était temps car, apparaissant rang après rang au sommet d'une colline, les fantassins anglais s'avancent vers vous en parfait ordre de bataille. A leur tête caracole, sur un superbe cheval blanc, un officier. Ils sont pour le moins au nombre de huit cents ; dix fois plus que vous !

— Laissez-les avancer ! hurle Parker.

Poussant son cheval, l'officier galope vers vous avant de s'arrêter à portée de fusil.

— Rendez-vous, Rebelles ! crie-t-il. Déposez les armes, et rendez-vous !

Le capitaine Parker s'est tourné vers vous. D'une voix non empreinte d'une émotion certaine, mais néanmoins ferme, il vous dit :

— Mes amis, ne tirez que s'ils tirent les premiers. S'ils veulent la guerre, ils l'auront !

Allez-vous jeter votre arme, comme l'a ordonné l'officier anglais (rendez-vous au **99**) ou préférez-vous suivre l'avis du capitaine Parker (rendez-vous au **45**) ?

141

Vers la fin de l'après-midi, l'épuisement des hommes est tel que les officiers prennent la décision de faire traverser le fleuve à la colonne. C'est alors que les Indiens qui avaient été envoyés en éclaireurs vous rejoignent, vous annonçant que les Rebelles ont établi un fortin à environ une heure de marche, et qu'ils disposent d'un canon — pointé certes sur le fleuve, car c'est par là qu'ils vous attendent —, mais qui pourrait fort bien être tourné sur la rive...

— Deane ! ordonne le colonel commandant la

colonne, prenez quarante hommes avec vous, et rendez-vous maître de ce fortin. Nous ne pouvons nous permettre de le laisser derrière nous !

Obéissant à l'ordre donné, vous vous éloignez à la tête du petit détachement. Pendant trois quarts d'heure, vous marchez sans rencontrer âme qui vive. A présent, vous ne devez plus être très éloigné du fortin. Au moment où vous alliez faire signe à vos hommes de s'arrêter pour leur donner vos instructions, une violente détonation retentit. Le canon ! cela ne fait pas l'ombre d'un doute. Allez-vous vous jeter à terre (rendez-vous au **44**), ou préférez-vous continuer d'avancer pour vous rendre compte de la situation (rendez-vous au **257**) ?

142

Voilà déjà près d'une année que vous êtes arrivé à New York, et que vous travaillez chez un négociant en grains. Durant tout ce temps, les événements se sont précipités. En juin 1775, un mois environ après la prise du fort Ticonderoga par les Rebelles, Washington a été nommé par le Congrès américain commandant en chef de l'armée. Le 17 mars 1776, Boston a été évacuée : d'aucuns en rendent responsable le général Gage qui, lors de la bataille de Bunker Hill, avait subi de lourdes pertes, affaiblissant ainsi la garnison de la ville. D'autres mettent l'accent sur les qualités de stratège de Washington : en installant l'artillerie anglaise prise au fort de Ticonderoga sur les hauteurs dominant la ville, il rendait la position indéfendable. Enfin, en mai, des rumeurs ont commencé à circuler à New York, selon lesquelles les Rebelles auraient essayé de pénétrer au Canada. La situation est grave ; il vous faut prendre partie. Mais comment ? Vous engager dans les troupes loyalistes ? Rejoindre l'armée anglaise ? Pendant quelques jours vous hésitez à prendre une décision. C'est alors qu'une affiche placardée sur tous les murs de la ville va bousculer votre destin. Elle déclare :

AVIS A TOUS LES VOLONTAIRES !

Vous voulez servir Sa Majesté, le roi George III ? Vous voulez défendre votre pays, ses lois et sa constitution contre la tyrannie d'un Congrès subversif ? Engagez-vous !
Les volontaires recevront une prime de cinq dollars, en plus de l'équipement qui leur sera gracieusement fourni. A la fin de la guerre, il sera octroyé à chacun 50 acres de bonne terre où il pourra goûter un juste repos !
Enrôlez-vous auprès du lieutenant-colonel Francis, ou auprès du capitaine Reedy, dans la quarante-septième Rue.

Son Excellence Sir John Johnson
Commandant le Régiment Royal de New York

Il vous faut peu de temps pour régler les affaires qui vous retiennent à New York, avant de vous diriger, d'un pas décidé, vers la quarante-septième Rue. Rendez-vous au **205**.

143

Votre coup part au moment même où vous vous rendez compte que vous avez affaire à un grizzli. Votre réflexe vous a sans doute sauvé la vie, mais le danger n'est pas éloigné pour autant. Touché de plein fouet, l'animal a reculé d'un pas. Mais blessé, seulement, sa fureur n'en est que décuplée, et il se rue vers vous. Votre arme étant déchargée, vous allez devoir l'affronter avec votre seule épée. A chaque coup que le grizzli vous portera, vous perdrez 2 points d'Endurance.

OURS FORCE : 10 ENDURANCE : 5

Si vous êtes toujours en vie après deux Assauts, rendez-vous au **239**. Si, en revanche, vous êtes vaincu, rendez-vous au **24**.

144

La situation paraît désespérée. Déjà, certains des habitants tentent de quitter par bateau la ville assiégée. Les Anglais, toujours convaincus de pouvoir régler la situation par eux-mêmes, ne jugent pas nécessaire de faire appel aux Loyalistes. C'est à contrecœur que vous décidez finalement de quitter Boston, dans l'espoir que, peut-être, on aura besoin d'hommes à New York. Après plusieurs heures de recherche, vous finissez par trouver un bateau qui vous accepte à son bord et dont le capitaine est l'un des rares à avoir l'autorisation de sortir du port. Aux premières heures du jour, le bateau largue les amarres ; il accoste à New York dans l'après-midi. Rendez-vous au **69**.

145

Rapidement, vous choisissez quelques hommes pour vous accompagner puis, après avoir vérifié le bon état de vos armes, vous vous glissez vers les premières lignes de défenses anglaises. Sans vous faire remarquer, vous arrivez non loin d'une casemate. Deux sentinelles sont postées à quelques pas. Il vous faut à tout prix les neutraliser. Aussi, après avoir donné l'ordre à vos hommes de s'immobiliser, vous rampez vers elles. *Testez votre Chance*. Si les dés vous sont favorables, rendez-vous au **54**. Sinon, rendez-vous au **261**.

146

Les hommes blessés souffrent le martyre et vous accélérez l'allure pour arriver à Concord au plus vite. Au détour du chemin, vous avez la mauvaise surprise d'apercevoir un petit groupe de Tuniques Rouges, visiblement des soldats isolés. Il faut à tout prix empêcher qu'ils ne voient les blessés étendus dans le fond du chariot, car ils auraient vite fait de comprendre que vous êtes un Rebelle. Allez-vous fouetter les chevaux et tenter de passer coûte que coûte (rendez-vous au **25**) ou leur expédier un coup de fusil (rendez-vous au **241**) ?

147

Sans perdre une seconde, vous revenez vers vos lignes. C'est alors que les sentinelles vous aperçoivent. Deux détonations claquent. Deux de vos hommes tombent, touchés en plein dos. Les coups de feu ont donné l'alerte aux Tuniques Rouges, qui surgissent de la casemate. Et c'est sous une grêle de balles que vous vous enfuyez à toutes jambes. Une fois hors de portée, vous ralentissez l'allure. C'est plein d'amertume que vous faites, quelques instants plus tard, votre rapport à un officier. Rendez-vous au **136**.

148

Vous partez en tête avec les Indiens. Ils parlent peu, et semblent plutôt amicaux. Ce qui vous rassure, car vous avez entendu par le passé toutes sortes d'histoires horribles à leur sujet. Vous esquissez un sourire en pensant qu'il en a dû être de même pour eux en ce qui concerne vos semblables. La vallée de la Mohawk se trouve au sud-ouest, et l'itinéraire choisi pour vous y rendre permet d'éviter toute possibilité de contact avec d'autres groupes de soldats, et surtout avec les Rebelles. Rendez-vous au **206**.

149

Vous faites signe que la voie est libre, et l'armée se met à avancer. Il ne lui faut que peu de temps pour pénétrer dans le village dont les habitants, affolés, se mettent à courir en tous sens. Que peuvent-ils faire contre des hommes à qui la guerre a fait perdre tout sens d'humanité ? Allez-vous vous précipiter vers le village pour tenter d'éviter un massacre (rendez-vous au **245**) ou participer à l'assaut à la tête de vos éclaireurs (rendez-vous au **94**) ?

150

Les combats sont terribles, mais l'issue de la bataille reste indécise. Néanmoins, lorsque les deux armées se retirent, vous savez que vous êtes, ainsi que vos compagnons, de véritables soldats. Votre régiment a reçu l'ordre de faire route vers New York, et de harceler les Tuniques Rouges dans toute la région. Ce que vous allez faire, avec plus ou moins de bonheur, au cours des deux années suivantes. Durant tout ce temps, les Français — sous les ordres de Rochambeau et de La Fayette — ont débarqué pour combattre au côté des vôtres. De plus, leur flotte, commandée par de Grasse, est arrivée devant New York. Malheureusement il n'attaque pas, redoutant encore la puissance de la marine de guerre anglaise. C'est pourquoi votre régiment fait mouvement vers le sud ; plus exactement vers Yorktown, en Virginie, où le général anglais Cornwallis et 7 000 Tuniques Rouges sont assiégés par Washington. Si vous parvenez à le battre, c'en est fait de la présence anglaise en Amérique ! Rendez-vous au **292**.

151

— Que savez-vous des patriotes ? dites-vous. Avez-vous entendu parler de Washington ? Sans doute

149 *Vous faites signe que la voie est libre et l'armée pénètre dans le village.*

n'avez-vous jamais rencontré les Tuniques Rouges... Ils m'ont obligé à m'enfuir de ma ferme, à Lexington. Mais je suis fermier avant tout et, quoi qu'il puisse m'arriver, je veux retrouver la terre que j'ai de tout temps cultivée !

— C'est bon, l'ami, réplique le premier cavalier. Si vous aviez été un de ces soldats de New York, sûr que vous auriez passé un mauvais quart d'heure. Mais nous n'avons rien contre les fermiers. Pas vrai, les gars ?

En prononçant ces derniers mots, il se tourne vers ses compagnons qui acquiescent en bougonnant.

— Allez, reprend-il, éloignez-vous du village et bonne chance !

En poussant un soupir de soulagement, vous reprenez votre chemin. Néanmoins, vous avez quelque remords d'avoir ainsi abandonné l'armée américaine. Après tout, il n'est peut-être pas trop tard pour la rejoindre. Si vous en décidez ainsi, rendez-vous au **36**. Mais si vous préférez ne plus entendre parler de cette guerre, mieux vaut vous faire oublier au Canada avant d'essayer de retrouver votre ferme. Dans ce cas, rendez-vous au **285**.

152

— Mon colonel, je vous le répète : ce village n'est habité que par des fermiers, des femmes et des enfants. Y laisser pénétrer l'armée est courir au massacre.

— Deane, je vous le répète à mon tour : nous sommes en guerre. Et ce village ne peut être que favorable aux Rebelles. En tant qu'homme, sachez que je vous comprends. En tant qu'officier, je vous somme, une dernière fois, d'obéir !
Vous avez fait tout ce que vous avez pu ! Donc, à vous de décider, maintenant, si vous allez en faire à votre tête (rendez-vous au **270**), ou si vous allez exécuter ses ordres (rendez-vous au **272**) ?

153

Tandis que vous galopez vers Lexington, de sombres pensées vous viennent à l'esprit. La situation n'est guère brillante ! En effet, il y a gros à parier qu'une fois arrivé en ville on vous demandera de vous joindre aux Minutemen. Non sans vous avoir, auparavant, posé quelques questions quant à votre étrange attitude face au capitaine Parker. D'un autre côté, votre dérobade de tout à l'heure a dû donner à penser aux Tuniques Rouges que vous étiez un espion. La seule solution est donc de poursuivre votre route vers Lexington, et de faire croire à vos voisins que vous avez dû faire un détour pour les rejoindre. Rendez-vous au **59**.

154

Vous passez les semaines suivantes à parcourir une grande partie du New Jersey, au nord de Philadelphie, dans la région de Trenton. Mais vous ne trouvez aucune trace du passage de Washington. Et ce qui vous inquiète le plus, c'est qu'il n'y a pas, non plus, trace de la présence des Tuniques Rouges. Revenir vers Philadelphie serait un suicide pur et simple ! Aussi, vous décidez de poursuivre au nord, en direction de New York. Rendez-vous au **238**.

155

Dégainant votre épée, vous vous élancez vers les Rebelles à la tête de vos hommes. Un feu nourri vous accueille, et deux de vos compagnons roulent à terre. A présent, vous êtes à quatre contre quatre. Soudain, vous apercevez l'un des Rebelles, une espèce de colosse, qui se rue vers vous, baïonnette au canon. Vous allez devoir le combattre.

REBELLE HABILETÉ : 7 ENDURANCE : 3

Si vous êtes vainqueur, rendez-vous au **122**. Si vous êtes vaincu, rendez-vous au **33**.

156

Rapidement, vous divisez vos hommes en deux groupes : six d'entre eux vous accompagneront à cheval, les autres poursuivront la route à pied. Bientôt, vous partez au petit trot en direction de Philadelphie. Rendez-vous au **166**.

157

Malgré les injonctions des officiers, les régiments ne se reforment que très lentement. Déjà les Rebelles apparaissent aux abords du village, tirant sur vous à coups redoublés. Allez-vous tenter de rallier le plus d'hommes que vous pourrez pour faire front (rendez-vous au **185**) ou, n'écoutant que votre fatigue, préférez-vous laisser à vos compagnons le soin de résister (rendez-vous au **211**) ?

158

Testez votre talent d'Équitation. Si les dés vous sont favorables, rendez-vous au **49**. Sinon, rendez-vous au **22**.

159

Pendant longtemps, la fusillade est intense. Puis, les tirs de l'ennemi se font plus rares pour, bientôt, complètement cesser. Sans doute les hommes qui viennent de vous attaquer ont-ils été découragés par votre détermination. Néanmoins, il faut vous assurer que plus personne ne menace la progression de la colonne. Rendez-vous au **208**.

160

Peu avant quatre heures, un officier Tunique Rouge harassé entre au galop dans la ville. Le hasard veut que, de la fenêtre de votre chambre, vous le voyiez gravir quatre à quatre les marches de la maison de l'Archevêché, où le général Gage, le commandant des troupes anglaises, a établi son quartier général. Quelques minutes s'écoulent ; puis un grand nombre de soldats surgissent hors du bâtiment, se précipitant vers la porte de la ville. Il semble que la nouvelle de l'affrontement avec les Minutemen soit parvenue jusqu'au général. Vous apprenez par le patron de l'hôtel que le général a menacé la ville de représailles terribles si les conseillers municipaux de Boston toléraient que leurs concitoyens continuent de prendre les armes contre le roi. En flânant dans le port, vous voyez un navire de guerre partir en direction du sud pour observer le littoral. Manifestement, le général ne veut pas prendre de risques. A l'extérieur de la ville, vous apercevez des troupes de Tuniques Rouges grimpant, dans un ordre parfait, une colline dominant Boston. Pendant tout le restant de la journée, vous n'entendrez que l'écho lointain de furieux combats. Et vous êtes encore là à la tombée de la nuit, lorsque ces mêmes Tuniques Rouges redescendent la colline, harassés, la plupart blessés, pour regagner la ville. Des rumeurs annonçant l'arrivée de Rebelles assoiffés de pillage et de meurtre vont bon train. Allez-vous rester à Boston (rendez-vous au **144**) ou tenter de sauver votre ferme des Rebelles (rendez-vous au **57**) ?

161

Testez votre Adresse. Si les dés vous sont favorables, rendez-vous au **143**. Sinon, rendez-vous au **293**.

162

En cette presque dernière journée de printemps, le soleil est haut dans le ciel lorsque les tambours des Tuniques Rouges donnent le signal de l'attaque. Rien ne brise l'ordonnancement des trois lignes qui montent vers vous : ni les hautes herbes, ni les buissons, ni les obstacles naturels. Néanmoins, vous ne pouvez vous empêcher d'éprouver un sentiment de pitié pour ces hommes — vos ennemis —, qui ploient sous un équipement pesant, au bas mot, une bonne trentaine de kilos ! Quant à vous et à vos compagnons, vous les attendez de pied ferme. Les meilleurs tireurs sont aux fortifications. Les autres se tiennent derrière eux, prêts à leur tendre des armes chargées. Rendez-vous au **74**.

163

C'est un véritable carnage ! Vous n'avez pas laissé la moindre chance aux Loyalistes qui, maintenant, gisent sans vie au bas de leurs montures. Mais vous aviez un besoin vital de ces chevaux. Rapidement vous désignez six hommes pour vous accompagner et vous vous éloignez au petit trot, laissant le reste de vos compagnons poursuivre la route à pied. Rendez-vous au **166**.

164

Au moment où vous allez presser la détente, un sixième sens vous prévient d'un danger. Rapidement vous examinez votre arme, pour constater que la chaleur causée par tous les coups que vous avez tirés en a légèrement déformé le canon. Si vous aviez tiré une fois de plus, il explosait ! En jurant vous jetez le fusil maintenant inutilisable loin de vous, cherchant des yeux une autre arme. Rendez-vous au **76**.

165

Profitant d'une nuit où vous êtes de garde, vous sortez subrepticement du camp. Le relâchement de la discipline est telle, que vous savez que vous ne risquez rien. Au bout de quelques kilomètres, vous vous arrêtez pour décider de ce que vous allez faire. Car deux choix seulement s'offrent à vous : regagner votre ferme (rendez-vous au **40**), ou partir vers le Canada — pays certes aux mains des Anglais, mais épargné par la guerre, et où personne ne vous connaît ! (rendez-vous au **285**).

166

Un long détour vous permet d'atteindre enfin Philadelphie quelques jours plus tard, sans être inquiété. Mais ce que vous apprenez vous plonge dans un profond désespoir. En effet, l'armée américaine a été vaincue non loin de la Brandywine, et les Anglais occupent la ville. Vous ne pouvez rester là, d'autant plus que votre devoir vous appelle auprès de Washington. Mais où le retrouver ? A votre avis il n'a pu faire que deux choses : soit battre en retraite vers le New Jersey dans l'espoir que les Anglais le suivront, ce qui les obligerait à abandonner Philadelphie, soit s'enfoncer en Pennsylvanie afin d'y trouver un lieu favorable pour prendre ses quartiers d'hiver. Si vous décidez de vous diriger vers le New Jersey, rendez-vous au **154**. Mais si vous jugez plus logique de rechercher Washington en Pennsylvanie, rendez-vous au **297**.

167

Un coup de feu claque au moment où vous sautez par-dessus le chariot. Mais, par chance, la balle vous manque et vous êtes hors d'atteinte avant même que votre invisible adversaire ait pu tirer à nouveau. A quelque distance de là vous distinguez, devant vous, de vagues silhouettes sur le bord du chemin. S'agit-il de Rebelles ou de Tuniques Rouges ? Mettant votre cheval au pas, vous vous approchez prudemment. Rendez-vous au **125**.

168

Non sans mal, vous êtes venu à bout de vos deux adversaires. Mais la situation, autour de vous, n'est guère brillante : les Anglais ont en effet bousculé vos lignes, et la déroute vous paraît évidente. C'est alors que des clameurs s'élèvent au loin. Et votre surprise est grande en voyant arriver Washington à la tête d'une grande partie de l'armée. Les Tuniques Rouges se sont immobilisés, mais ils ne cessent pas de tirer pour autant. Leur discipline est impressionnante. Soudain, provenant de derrière leurs lignes, éclate une intense fusillade. Aucun doute n'est possible : le commandant Henry Knox — un héros de l'armée américaine — les attaque à revers. Pris entre deux feux, les Anglais essaient de faire retraite par les côtés. Mais ils ne vont pas très loin, car le régiment de Rhode Island et la brigade du Massachussetts sont là pour leur barrer le chemin. L'espace d'un instant ils sont prêts à déposer les armes ; mais sous l'impulsion de leurs officiers ils parviennent, au prix de lourdes pertes, à se dégager du piège où ils étaient pris, et à refluer vers le sud. Sans leur laisser le temps de se regrouper vous partez à leur poursuite. Mais Washington vous arrête net : en effet, il serait trop risqué de vous éloigner car le général Cornwallis, commandant en chef des forces anglaises, n'est pas très loin d'ici, avec son armée tout entière. Forts de cette victoire, vous marchez sur Princeton. A l'issue d'un bref combat, la garnison se rend, et vous êtes maîtres de la ville. Quelques jours plus tard, vous vous remettez en route. Rendez-vous au **104**.

169

Bientôt Lexington est totalement investie. Quoique victorieux, le commandant est furieux que ses hommes aient tiré sur les habitants. Aussi, c'est sans leur accorder le moindre repos qu'il leur fait prendre la direction de Concord.

— Vous êtes libre, monsieur. Je ne vous retiens plus, vous déclare alors le lieutenant.

Encore sous le choc de l'affrontement, vous remontez à cheval. Vous aimeriez rentrer chez vous, mais ce pourrait être dangereux, car vos voisins vous ont vu avec les Tuniques Rouges. Peut-être serait-il plus prudent d'aller à Boston... D'ailleurs, les événements de Lexington ont montré que les Rebelles avaient peu de chances d'arriver à leurs fins. Sans doute serait-il plus sage de vous joindre à un régiment loyaliste, une fois arrivé. Allez-vous rentrer chez vous (rendez-vous au **82**) ou partir pour Boston (rendez-vous au **127**) ?

170

Sans chercher à comprendre, vous vous enfuyez à toutes jambes. Mais vous vous arrêtez net en entendant le claquement d'un coup de feu, suivi par un gigantesque éclat de rire. Lentement, vous vous retournez, pour apercevoir le sergent, son arme fumante à la main, secoué par un fou rire inextinguible. Non loin de lui est étendu le corps d'un... Rendez-vous au **198**.

171

Quelques jours ont passé. Non sans mal, vous avez réussi à récupérer votre chariot, ce qui vous met à l'abri de toute mauvaise surprise. Des nouvelles vous sont parvenues selon lesquelles Boston est maintenant assiégée par les Rebelles : les forêts et les collines environnantes grouilleraient littéralement de Minutemen, comme si tous les hommes valides de la Nouvelle-Angleterre s'étaient donnés le mot pour affluer autour de la ville. D'autre part, bien que les Anglais aient anéanti la petite unité de Lexington dont vous faisiez partie, ils ont subi de lourdes pertes en revenant de Concord avec les rares armes qu'ils y avaient découvertes. Ce qui a convaincu, si besoin était, bon nombre d'Américains qu'ils n'étaient pas invincibles, et que le moment était des plus propices pour lutter pour leur liberté. Partout, dans le plus petit village, dans la ferme la plus isolée, on s'entraîne au combat, on fabrique armes et munitions, on s'équipe pour une guerre que l'on sait proche.
Vos voisins se sont constitués en patrouilles pour surveiller la route de Boston. Et il ne se passe pas une

journée sans qu'ils vous pressent de venir les rejoindre. Estimant que c'est là votre devoir, vous finissez par céder à leur demande. C'est ainsi que pendant une dizaine de jours, vous surveillez les abords de Boston, mais sans faits particulièrement marquants, si ce ne sont quelques coups de feu échangés avec les Tuniques Rouges chargés de défendre la ville. C'est alors que vous apprenez deux choses qui vont se révéler d'une importance primordiale pour l'avenir de votre pays — et le vôtre. Tout d'abord, un appel a été lancé au roi George, l'assurant de la fidélité des Américains, s'il consent à leur donner le minimum de libertés et de garanties auxquelles ils ont droit ; et surtout la prise de fort Ticonderoga par les miliciens de la Nouvelle-Angleterre, survenue le 10 mai ! Un fait d'armes incroyable et qui peut se révéler lourd de conséquences, car l'artillerie du fort est à présent entre les mains des Rebelles. Ces nouvelles ne sont pas sans entraîner une rude polémique dans votre groupe, comme chez tous les Rebelles d'ailleurs. Certains sont en effet d'avis de lever le siège de Boston, et de négocier une juste paix ; d'autres pensent qu'il faut profiter de cette victoire et que ce serait une erreur grossière que de lever le siège. Car alors, qui empêcherait les Anglais de réduire à merci les colonies américaines, l'une après l'autre ? Rendez-vous au **248**.

172

Cette rive de la Mohawk est un véritable boulevard ! Sans doute le lieu de passage de tous les habitants de la région, et donc des Rebelles. Pendant quelques heures, la colonne progresse sans problème ; jusqu'au moment où les éclaireurs indiens de retour signalent la présence d'un comptoir tenu, à l'évidence, par vos adversaires.

— Deane, ordonne alors le colonel commandant la colonne, prenez quelques hommes et débarrassez-nous de cela.
Rendez-vous au **56**.

173

Profitant de ce que l'homme vous tourne le dos, vous vous ruez sur lui. Malheureusement, il tourne la tête et, vous apercevant, il fait feu. Dans sa précipitation, il ajuste mal son coup, et la balle ne fait que vous effleurer. En revanche, les balles de vos compagnons ne le manquent pas ! Au bruit causé par les détonations, les Loyalistes surgissent du bâtiment. Il n'y a pas une seconde à perdre.
— En avant ! hurlez-vous à vos hommes.
Rendez-vous au **10**.

174

Enfin, vous atteignez la rive nord de la Mohawk. Quelques jours plus tard, vous êtes rejoint par le régiment tout entier qui se divise en deux colonnes. La première a pour mission de descendre le fleuve par cette même rive nord. La seconde suivra l'autre rive. Et ce, jusqu'à atteindre l'Hudson. Quant à vous, vous venez d'être nommé caporal. Et vous recevez le commandement d'un groupe d'éclaireurs indiens et d'une section de Loyalistes, avec pour tâche de précéder la colonne de la rive nord et de la prévenir de la présence d'éventuels ennemis. Si vous décidez de suivre le fleuve, rendez-vous au **291**. Mais si vous pensez qu'il est plus sage de vous assurer que personne n'approche de la colonne, en faisant route à travers la forêt, rendez-vous au **68**.

175

En poussant des hurlements, vos hommes chargent. Les sentinelles se sont tournées vers vous, ahuries.

175 *De toutes les maisons surgissent des hommes qui commencent à tirer.*

Dans un réflexe, elles déchargent leurs armes. Leur tir trop imprécis n'atteint personne, mais le bruit des détonations a donné l'alarme. De toutes les maisons avoisinantes surgissent des hommes à demi vêtus, qui commencent à tirer en tous sens. La pagaille est indescriptible. Vos officiers en profitent pour donner le signal de l'assaut. Quelques heures suffisent pour amener les Hessois à merci. Rendez-vous au **134**.

176

Votre coup manque son but, et vos adversaires en profitent pour se mettre à couvert. Vous avez beau scruter chaque buisson, chaque arbre, vous ne voyez rien bouger. Allez-vous recharger votre arme et les attendre de pied ferme (rendez-vous au **232**) ou jugez-vous plus prudent de prendre la fuite (rendez-vous au **108**) ?

177

Désespérant de convaincre le colonel vous faites demi-tour, bien décidé à ne pas participer à ce qui risque d'être un massacre. Mais vous n'avez pas parcouru dix mètres que vous entendez le claquement sec d'un pistolet que l'on arme. *Testez votre Chance.* Si les dés vous sont favorables, rendez-vous au **218**. Sinon, rendez-vous au **96**.

178

Attendre tranquillement... vous rêvez !

— Prenez quelques hommes, Deane ! vous ordonne un officier. Et allez vous assurer qu'aucun Tunique Rouge ne se cache dans ce bosquet, là-bas, à cinq cents mètres.

Une mission de routine, en fait. Cependant, alors que vous n'êtes plus qu'à une centaine de mètres de

l'objectif fixé, dix Tuniques Rouges surgissent de derrière les arbres et ouvrent le feu.
— Demi-tour ! hurlez-vous. Nous sommes tombés dans une embuscade !
C'est à toutes jambes que vous revenez vers vos lignes. Mais deux de vos hommes sont restés sur le terrain. Le cœur plein d'amertume, vous faites votre rapport à l'officier. Rendez-vous au **136**.

179

Quelques balles sifflent à vos oreilles pour toute réponse.
— Pas de quartier ! hurlez-vous alors à l'adresse de vos hommes.
Vous mettez hors de combat deux adversaires de deux coups d'épée bien placés, pendant que vos compagnons finissent de venir à bout du reste des Rebelles. Bientôt, un lourd silence règne sur le fortin. A présent muet, le canon semble regarder la colonne d'Anglais et de Loyalistes qui défilent sur l'autre rive de la Mohawk. Tous ces hommes ont-ils conscience du drame qui vient de se dérouler ? Haussant les épaules, vous rassemblez ce qui reste du détachement et, revenant sur vos pas, vous rejoignez le gros des troupes. Là, vous faites votre rapport aux officiers. Rendez-vous au **204**.

180

A peine avez-vous parcouru quelques pas, que vous êtes interpellé par un Loyaliste. Couvert du sang de ses victimes, son sac déborde d'un lourd butin. Et le mousquet qu'il porte à la main ne laisse pas d'être menaçant. Walker ! Vous venez de reconnaître Walker ! Un homme qui, à la suite d'un différend que vous avez eu avec lui, ne rêve que de vengeance.
— Trois prisonniers, Deane ! dit-il d'un ton sarcasti-

que. Redoutables, qui plus est : une femme et deux enfants ! Allons, laisse-les moi ; je vais m'en charger. Un homme aussi important que toi a bien d'autres choses à faire. Allons, Deane !
Il vous paraît évident que si vous faites ce qu'il vous demande, femme et enfants ne s'en sortiront pas vivants. D'autre part, son mousquet est maintenant pointé sur vous... Aussi, allez-vous lui abandonner ceux qu'il a appelé « vos prisonniers » (rendez-vous au **124**) ou refuser (rendez-vous au **268**) ?

181

Votre régiment fait maintenant face à l'une des deux casemates. Et sa marche a été suffisamment silencieuse pour que son approche ne soit pas décelée. A voix basse, les officiers vous font les dernières recommandations. Il faut frapper vite, et fort. Pointant son épée vers votre objectif, le colonel commandant le régiment hurle :
— Chargez !
Un cri repris par les centaines d'hommes qui, maintenant, se ruent vers les fortifications anglaises. Pris par surprise, les Tuniques Rouges ne peuvent tirer que quelques coups de feu. Bientôt, sur le champ de bataille tout entier, les hommes se battent au corps à corps. Vous êtes déjà venu à bout de plusieurs adversaires, lorsqu'un officier anglais surgit devant vous.

OFFICIER HABILETÉ : 8 ENDURANCE : 4

Si vous êtes vainqueur, rendez-vous au **226**. Sinon, rendez-vous au **212**.

182

Rener a fait un pas en avant.
— Je vous suis, sergent, dit-il.

Tous deux disparaissent bientôt, précédés par l'Indien. Vous vous dissimulez dans les taillis, attendant leur retour. Soudain un coup de feu claque, provenant de la direction prise par les trois hommes. Si vous décidez d'aller voir ce qui se passe, rendez-vous au **222**. Mais si vous préférez ne pas bouger, rendez-vous au **117**.

183

Un inquiétant silence règne à présent dans le village, rompu seulement par le crépitement des flammes qui achèvent d'en dévorer les demeures. Soldats anglais et Loyalistes sont hébétés, comme étonnés de se trouver présents dans ce désastre. Soudain, un galop se fait entendre. Un cavalier, le visage rouge, sa monture écumante, apparaît dans la rue principale.

— Alerte ! Alerte, hurle-t-il. Les Rebelles arrivent.

Si ce que vous avez vécu jusqu'ici vous suffit, vous pouvez abandonner là vos compagnons (rendez-vous au **60**). Mais vous pouvez également obéir aux officiers qui viennent de donner l'ordre du rassemblement (rendez-vous au **157**).

184

En poussant un râle d'agonie, votre adversaire glisse à terre. Mais vous n'avez pas le temps de vous réjouir de votre victoire, car son cri a alerté les hommes gardant l'avant-poste. En quelques secondes, vous êtes encerclé. Soudain, un coup de feu claque. Rendez-vous au **279**.

185

Non sans mal, vous parvenez à rassembler une bonne centaine d'hommes.

— Pour le roi ! hurlez-vous en chargeant à leur tête.

185 *Aux premiers coups de feu, les Rebelles détalent !*

Est-ce à cause de votre détermination ? Les Rebelles ont-ils soudain réalisé qu'ils avaient affaire à l'armée anglaise ? Vous ne le saurez jamais. Toujours est-il qu'aux premiers coups de feu, ils détalent ! Quelques jours plus tard, vous pénétrez dans Albany, sans avoir rencontré une grande résistance. Votre régiment est alors envoyé en garnison à Yorktown. Rendez-vous au **26**.

186

Vous étant assuré qu'il n'y avait personne dans les environs, vous vous élancez, suivi par vos hommes, vers le tas de bois derrière lequel vous vous mettez à l'abri. Puis, faisant signe à vos compagnons de ne pas bouger, vous rampez vers le comptoir qui ne se trouve plus qu'à quelques mètres. Prudemment, vous jetez un coup d'œil à travers une fenêtre. Cinq ou six hommes sont présents dans la cabane, un grand nombre de mousquets, chargés à l'évidence, à portée de la main. L'affaire ne va pas être simple. Si vous décidez de faire irruption dans le comptoir sans attendre, rendez-vous au **48**. Mais si vous pensez qu'il est plus sage de l'investir avec vos hommes, rendez-vous au **132**.

187

Le lendemain de Noël, les bateaux étant prêts, vous vous préparez, à la faveur du brouillard et de la neige, à attaquer les Hessois. Vous savez que Noël est une époque religieuse très importante pour ces mercenaires allemands et ils s'attendent certainement à tout, sauf à la surprise que vous leur réservez. Rendez-vous au **77**.

188

D'un violent geste de la main, vous écartez le canon de l'arme au moment où l'homme fait feu. Déviée de sa trajectoire, la balle frappe un Rebelle en pleine poitrine. Comme l'endroit manque d'espace pour que vous puissiez utilement vous servir de votre mousquet, vous vous en débarrassez et, dégainant votre épée, vous vous ruez vers votre adversaire qui, il n'y a pas de doute, a la ferme intention de vous embrocher avec sa baïonnette !

REBELLE HABILETÉ : 7 ENDURANCE : 4

Si vous êtes vainqueur, rendez-vous au **253**. Sinon, rendez-vous au **33**.

189

Le premier de vos adversaires est un officier trapu et robuste, armé d'une épée. Le second, un simple soldat dont la baïonnette semble des plus redoutables. Vous les affrontez l'un après l'autre.

	HABILETÉ	ENDURANCE
OFFICIER	7	4
SOLDAT	6	3

Si vous êtes vainqueur, rendez-vous au **95**. Sinon, rendez-vous au **212**.

190

Vous faites demi-tour, mais trop tard. Atteint d'une balle en plein front, vous vous effondrez sur le sol. Votre aventure se termine ici.

191

— Où allez-vous ? demande l'un des cavaliers.

— A Concord, répondez-vous. Quelles sont les nouvelles ?

— Les Tuniques Rouges sont arrivés jusqu'à

Concord, mais nous les avons repoussés, réplique-t-il. Nous leur avons donné une leçon dont ils se souviendront. Tous les hommes en état de porter les armes ont ordre de se rendre à Boston. Suivez-nous ! Je vais veiller à ce que l'on s'occupe des blessés.
Si vous décidez d'aller à Boston, rendez-vous au **73**. Mais si vous préférez poursuivre votre chemin vers Concord, rendez-vous au **146**.

192

Sans doute avez-vous reçu de nombreuses et cruelles blessures. Mais vous êtes venu à bout de Walker qui est maintenant étendu à vos pieds. Sans perdre un instant, vous vous saisissez des deux enfants puis, faisant signe à leur mère de vous suivre, vous remontez à grandes enjambées la rue principale du village. Bientôt, vous êtes en rase campagne, loin des combats. Rendez-vous au **126**.

193

— Faites ce que vous voudrez, dites-vous. Mais ne comptez pas sur moi pour vous aider.
— Alors décampez, Deane ! Décampez avant que nous vous fassions votre affaire. Nous n'aimons pas les amis des Tuniques Rouges par ici.

Puis, sans plus vous prêter attention, il s'élance à la tête de ses hommes à la poursuite des Anglais. Vous faites quelques kilomètres en direction de Concord, mais sans apercevoir votre chariot. Craignant de rencontrer Tobias, vous jugez plus prudent de rebrousser chemin vers Lexington, et de regagner votre ferme. Rendez-vous au **171**.

194

Les palissades défendant le fortin ne sont pas très élevées, et vous devriez pouvoir les franchir sans trop de problèmes. Alors que vous n'en êtes plus éloigné que de quelques mètres, un Rebelle vous aperçoit.

— Alerte ! Alerte ! crie-t-il. Nous sommes attaqués !

La petite garnison s'est maintenant retournée vers vous, et vous êtes accueilli par un feu nourri. *Testez votre Chance*. Si les dés vous sont favorables, rendez-vous au **32**. Sinon, rendez-vous au **289**.

195

Les ordres que vous avez reçus : harceler l'ennemi le plus longtemps possible ; lui infliger de lourdes pertes ; retarder son avance pour permettre à l'armée américaine de traverser l'Hudson en toute sécurité. Ensuite, un bateau vous attendra, vous et vos hommes, pour vous transporter à votre tour sur l'autre rive du fleuve. Votre objectif : un avant-poste que les Tuniques Rouges ont établi à moins de deux kilomètres de là. Pour cela, vous disposez de vingt hommes.

Vingt hommes pour retarder une armée entière ! Autant dire que votre mission est impossible. Mais qu'importe : pour le salut des États-Unis d'Amérique, vous êtes prêt à réaliser des prodiges, quitte à y perdre la vie. Aussi, allez-vous marcher droit sur l'avant-poste anglais (rendez-vous au **79**) ou pensez-vous qu'il serait plus judicieux de le contourner pour l'attaquer par derrière (rendez-vous au **105**) ?

196

Non. Tout bien réfléchi, vous ne pouvez combattre le roi dont vous êtes un fidèle sujet. Même si, au fond de vous-même, vous partagez les sentiments qui animent les Américains. Votre décision est vite prise. Saisissant votre fusil, une corne à poudre et des balles, vous courez vers l'écurie. Là, vous sellez rapidement votre cheval et, bondissant en selle, vous partez au grand galop vers Boston. Rendez-vous au **67**.

197

Rapidement vous faites sauter le couvercle d'un baril, puis vous sortez du hangar en laissant une traînée de poudre derrière vous. Une fois à l'extérieur, vous y mettez le feu. Dans un crépitement la poudre s'enflamme. Vous n'avez que quelques secondes

197 *Vous sortez du hangar en laissant une traînée de poudre derrière vous.*

pour vous mettre à l'abri avant l'explosion ! *Testez votre Chance*. Si les dés vous sont favorables, rendez-vous au **38**. Sinon, rendez-vous au **87**.

198

Un ours. C'était un ours ! De belle taille, d'ailleurs. Un grizzli, pour être plus exact.

— Deane, hoquette le sergent, quand donc pourrez-vous faire la différence entre l'uniforme des Rebelles, et celui d'un grizzli !

Reprenant son sérieux il ajoute :

— Si les Rebelles sont passés par ici, ils doivent être loin à l'heure qu'il est. Allons retrouver les autres. Rendez-vous au **231**.

199

Une balle siffle à vos oreilles ! Sans prendre le temps de vous retourner pour voir qui a tiré, vous vous précipitez vers le mur que vous franchissez d'un bond. Quelques secondes plus tard, vous courez dans les rues désertes de Boston. Vous passez la journée caché dans une grange. Que faire, maintenant ? Il serait suicidaire de vouloir regagner votre ferme. De toute façon, les portes de la ville doivent être soigneusement gardées. La seule solution serait de trouver un navire pour New York qui vous prenne à son bord. La nuit venue, vous vous glissez jusqu'au port, évitant toutes les patrouilles lancées à votre recherche. Profitant de l'obscurité, vous finissez par trouver un capitaine qui, moyennant une somme modique, accepte de vous emmener. Au petit matin vous faites voile vers New York que vous atteignez dans l'après-midi. Rendez-vous au **69**.

200

Alors que les tambours rythmant la marche des Tuniques Rouges commencent à se faire entendre, vous vous dissimulez en compagnie d'une trentaine de vos compagnons dans un épais bosquet. Peu après, les Anglais passent devant vous rang après rang, suivis des chariots transportant armes, munitions et ravitaillement. Par chance, personne ne vous remarque. Le reste du régiment s'est dispersé dans la campagne environnante. Maintenant, il vous est impossible de rejoindre l'armée américaine. Rendez-vous au **139**.

201

En quelques pas, vous vous trouvez à la lisière de la clairière. Mais, dans votre précipitation, votre pied se prend dans une racine, ce qui vous fait trébucher. En jurant, vous vous redressez, trop tard cependant pour éviter le poignard que vient de vous lancer un homme que l'obscurité environnante vous avait caché. Atteint en plein cœur, vous vous effondrez dans un râle sourd. Votre aventure se termine ici.

202

— Je prouverai ma loyauté et je servirai mon roi contre les Rebelles, insistez-vous. J'ai essayé de me faire enrôler lorsque je suis arrivé ici, hier. Vous pouvez demander au sergent recruteur ; il doit se souvenir de moi.
— Nous allons voir, dit le juge qui, se tournant vers l'un des gardes, ajoute : trouvez-moi le sergent qui était de service hier et amenez-le ici.
Tandis que l'on vous reconduit à votre cellule, vous priez le ciel pour que le sergent se souvienne de vous. Il est votre dernier espoir. Rendez-vous au **84**.

203

Les balles vous manquent de peu, mais c'en est fait de votre mission. De la casemate surgissent, en effet, quatre Tuniques Rouges, mousquet à la main. Sans demander votre reste, vous faites demi-tour, et vous partez en courant vers l'endroit où vous avez laissé vos compagnons. Les Anglais tirent à coups redoublés sur vous. *Testez votre Chance.* Si les dés vous sont favorables, rendez-vous au **27**. Sinon, rendez-vous au **279**.

204

Toutes les forces anglaises et loyalistes sont maintenant regroupées au confluent de la Mohawk et de l'Hudson. Tous les Rebelles qui auraient pu signaler votre présence ont été réduits au silence. Albany n'est plus très éloignée, et le dernier obstacle qui vous en sépare est un petit village situé non loin de là. Rendez-vous au **64**.

205

Une fois signé votre engagement, il vous est remis un équipement complet : un uniforme composé d'une tunique verte aux revers blancs, de culottes blanches et de bottes marrons ; un chapeau noir à large bord, un sac à dos et un mousquet de modèle Long Land. L'armée de Washington faisant route vers New York, le haut commandement anglais décide d'évacuer la ville, en attendant l'arrivée des renforts. C'est ainsi que, suivant votre régiment, vous vous retrouvez à Montréal pour y commencer votre entraînement. Ce que vous trouvez des plus stupide. Car pourquoi perdre du temps à manœuvrer contre un adversaire inexistant, alors que les Rebelles font, et de plus en plus, montre d'audace ? En effet, le 4 juillet, le Congrès a proclamé l'indépendance des États-Unis d'Amérique ! Sans doute les Anglais ont-ils réoccupés New York ; sans doute le général Howe a-t-il infligé de sévères défaites à la Rébellion... Il n'empêche que de rudes combats se préparent. Et que vous êtes loin des champs de bataille. Au fil des jours, votre impatience va grandissante : quand donc pourrez-vous faire la démonstration de votre fougue à défendre l'autorité du roi d'Angleterre sur ses colonies américaines ?... L'occasion va bientôt vous en être donnée. Rendez-vous au **120**.

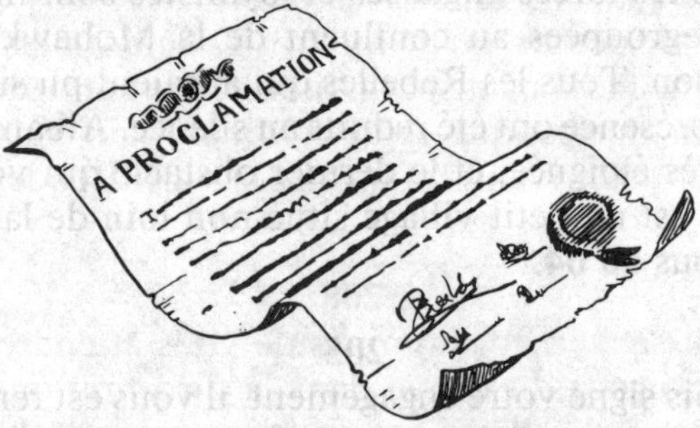

206

Le fleuve est encore loin et, la région étant des plus inhospitalières, il vous faudra au moins une dizaine de jours pour l'atteindre. Les Indiens font merveille pour se déplacer dans cette contrée et, en leur compagnie, vous apprenez bien des choses. A reconnaître les traces d'animaux, par exemple, découvrir le chemin le plus ténu, différencier les fruits comestibles de ceux qui ne le sont pas, deviner une présence humaine lorsque les oiseaux prennent leur envol. Bientôt votre uniforme est en loques, et vous commencez à prendre l'allure d'un véritable aventurier ! Malheur au premier Rebelle qui croisera votre chemin ! On vous a donné pour consignes d'éviter les groupes trop importants d'ennemi, et de ne vous attaquer qu'aux détachements isolés. Rendez-vous au **174**.

207

Raté ! Néanmoins, vos compagnons se défendent mieux que vous : quelques Tuniques Rouges ont mordu la poussière. En nombre infime, cependant, comparé à vos propres pertes. A l'évidence, la bataille est sans espoir ; et vous n'avez pas d'autre choix que de fuir, ou de mourir. D'autant plus que le capitaine Parker a disparu. Inutile, à présent, de chercher un quelconque refuge. Mieux vaut suivre les miliciens survivants, et quitter la ville. Rendez-vous au **15**.

208

Faisant signe à vos hommes de vous attendre, vous vous éloignez du fleuve dans la direction que vous supposez être celle qu'ont prise vos ennemis. Les taillis sont épais, par ici, et vous devez redoubler de prudence pour progresser silencieusement. Soudain, vous vous précipitez derrière le tronc d'un érable de belle taille : à une dizaine de mètres, vous venez d'apercevoir quatre hommes. Vous tournant le dos, ils sont penchés sur trois autres hommes allongés sur le sol. A l'évidence, il s'agit là de vos agresseurs. Vous pouvez les attaquer seul, sans attendre (rendez-vous au **113**), ou envoyer un signal à vos compagnons pour qu'ils viennent vous rejoindre (rendez-vous au **264**).

209

— Albany n'est plus très éloignée maintenant, colonel. Je suis persuadé que nous pourrions l'atteindre en contournant ce village sans que quiconque n'ait le temps de donner l'alerte.

— Je comprends vos scrupules, Deane, rétorque le colonel. Mais ce que vous proposez là est trop risqué. Épargner la vie de quelques villageois, qui d'ailleurs soutiennent les Rebelles, serait mettre en péril la vie de milliers d'hommes qui sont avec nous. Non, Deane. Obéissez aux ordres !
Sans doute le colonel a-t-il raison. Cependant, vous ne savez toujours pas quelle attitude prendre. Si vous décidez de fuir, rendez-vous au **177**. Mais si vous voulez tenter de convaincre une dernière fois l'officier, rendez-vous au **152**.

210

Dans un réflexe, vous faites un saut de côté, ce qui vous permet de ne pas être touché. Lâchant votre mousquet, vous dégainez votre épée. Vous allez combattre ces trois adversaires l'un après l'autre. Ils se défendent avec leur baïonnette.

	HABILETÉ	ENDURANCE
Premier HOMME	6	4
Deuxième HOMME	5	3
Troisième HOMME	7	4

Si vous êtes vainqueur, rendez-vous au **122**. Sinon, rendez-vous au **33**.

211

Vous mettant à l'abri d'un bâtiment miraculeusement épargné par le feu, vous observez la suite des événements. Qui, à votre grande surprise, tournent à l'avantage de votre armée. En effet, un seul régiment loyaliste a pu être reformé. Et, malgré son infériorité numérique et l'état de fatigue des hommes qui le composent, il charge ! L'espace de quelques secon-

209 *« Obéissez aux ordres ! » rétorque le colonel.*

des, les Rebelles ripostent. Puis, se rendant compte qu'il ne servirait à rien de se faire tuer pour investir un village en ruine, ils battent en retraite vers la forêt dans laquelle ils disparaissent. Vos officiers en profitent pour sonner, une nouvelle fois, le rappel. Si vous décidez de réintégrer votre régiment, rendez-vous au **300**. Mais si, quelque peu dégoûté par ce que vous venez de vivre, vous désertez, rendez-vous au **274**.

212

L'arme de votre adversaire vous frappe en pleine poitrine, et vous sentez la froideur du métal qui transperce votre chair. Sans lâcher votre épée, vous vous effondrez à terre, fidèle à la cause américaine jusqu'à votre dernier souffle. Votre aventure se termine ici.

213

L'Anglais s'est défendu avec l'énergie du désespoir, mais il n'était pas de taille ! Dans un râle, il glisse à terre. Il n'est pas temps de vous apitoyer sur son sort, car un autre Tunique Rouge vous met en joue. Vite, *Testez votre Chance* pour savoir si vous allez enfin parvenir à vous tirer de ce mauvais pas. Si les dés vous sont favorables, rendez-vous au **72**. Sinon, rendez-vous au **279**.

214

Vous vous êtes battu comme un démon. Mais votre adversaire était le diable même ! En ricanant de la façon la plus affreuse qui soit, il vous plonge son épée en plein cœur. Lentement, vous vous effondrez, essayant vainement de tourner la tête vers les enfants qui seront les prochaines victimes d'une guerre qui, comme toutes les guerres, aurait pu être si facilement évitée... Votre aventure se termine ici.

215

Une femme et deux enfants se tiennent devant vous. Et vous ne savez que faire. Votre hésitation est heureusement de courte durée.

— Venez ! Ayez confiance en moi ! dites-vous à la femme. Suivez-moi !

Sans lui laisser le temps de vous répondre, vous prenez les enfants dans vos bras. Le village n'est plus qu'un immense brasier, et Anglais et Loyalistes finissent de massacrer allégrement les rares habitants survivants. Si l'un d'eux vous aperçoit, votre compte est bon. *Testez votre Chance.* Si les dés vous sont favorables, rendez-vous au **89**. Sinon, rendez-vous au **180**.

216

Posant votre mousquet en appui sur une barrière, vous visez soigneusement. Ajoutez un point à votre talent d'Adresse, pour ce coup seulement, car vous tenez votre arme fermement. *Testez votre Adresse.* Si les dés vous sont favorables, rendez-vous au **17**. Sinon, rendez-vous au **176**.

217

Un autre craquement ! Votre main se crispe sur votre mousquet, et c'est à peine si vous osez respirer. Si vous pensez qu'il est plus prudent d'appeler vos compagnons à l'aide, rendez-vous au **243**. Mais si vous préférez régler cette affaire seul, rendez-vous au **42**.

218

Pas de doute, on va tirer sur vous ! Sans hésiter, vous sautez dans les fourrés au moment même où claque une détonation. En miaulant, une balle rebondit sur une pierre, à quelques centimètres de vous. Du plus vite que vous le pouvez, vous rampez dans les ronces et les cailloux, et vous vous redressez à l'abri d'un bouquet d'arbres. Vous étant assuré que personne ne vous poursuivait, vous vous mettez à courir à perdre haleine. Tard, dans la soirée, vous vous retrouvez près d'un ruisseau dans la forêt. Le village est loin à présent. Comme il n'est plus question pour vous de participer à cette guerre, vous décidez de reprendre le chemin de Montréal. Lorsque vous y étiez, en compagnie de votre régiment — ce qui vous paraît si lointain ! —, vous y avez fait la connaissance d'un vieil horloger avec qui vous vous êtes lié d'amitié. Nul doute qu'il acceptera de vous cacher chez lui jusqu'à la fin de cette période troublée. Votre aventure se termine ici.

219

En poussant des hurlements de joie, vous vous précipitez avec vos compagnons sur les chariots. Effrayés, leurs conducteurs s'enfuient à travers champs. Les heures suivantes se passent en pillage et ripailles. Une fois bien rassasiés, équipés de neuf, armés jusqu'aux dents, vous prenez la direction de Valley Forge où doit se trouver l'armée de Washington, si toutefois le vieil homme que vous avez rencontré vous a dit la vérité. Rendez-vous au **297**.

220

Pris au dépourvu, le Hessois a visé au jugé et la balle passe loin au-dessus de votre tête. Mais le bruit de la détonation a donné l'alarme. De toutes les maisons avoisinantes surgissent des hommes à demi vêtus qui commencent à tirer en tous sens. La pagaille est indescriptible. Sans leur laisser le temps de reprendre leurs esprits et de s'organiser, les officiers américains donnent le signal de l'assaut. L'affaire est rondement menée. Quelques heures suffisent pour que la garnison hessoise, tout entière, capitule. Rendez-vous au **134**.

221

Visant les jambes de l'un des Tuniques Rouges, vous faites feu. Touché ! L'homme roule à terre. En le blessant, vous lui avez sauvé la vie. Malheureusement, il n'en va pas de même pour son compagnon. Alors qu'il n'en est plus éloigné que de quelques mètres, Tobias s'arrête, épaule son arme et, d'un coup bien ajusté, lui expédie une balle entre les deux omoplates. L'Anglais s'effondre sur le sol, sans un cri. Il n'avait aucune chance. Écœuré par une telle violence, vous faites demi-tour, et vous vous éloignez. Derrière vous, Tobias et ses hommes vous suivent des yeux, l'air pensif. Que faire maintenant ? Vous n'avez aucune idée du lieu où John a conduit votre chariot ; et pourquoi iriez-vous à Concord ? Quelque peu désabusé, vous prenez le chemin de votre ferme. Rendez-vous au **171**.

222

Du plus vite que vous le pouvez, vous courez pour aller prêter main-forte à vos trois compagnons. A un détour de la piste, vous tombez nez à nez avec le sergent, en proie à un intense fou rire qui ne fait que redoubler devant votre air ahuri. Non loin de lui, l'Indien sourit, alors que Rener semble vert de peur.
— Un ours ! hoquette le sergent. C'était un ours ! Sacré Rener ! Confondre un Rebelle avec un ours !
Puis, reprenant son souffle et redevenant sérieux, il ajoute :
— Inutile d'aller plus loin. Si les Rebelles sont passés par ici, ils sont loin, maintenant.
Rendez-vous au **231**.

223

Vous avez fait mouche ! Le Tunique Rouge que vous visiez s'effondre sur le sol, et roule au bas de la colline. C'est un véritable déluge de feu qui s'abat maintenant sur les Anglais, et le champ de bataille disparaît presque sous l'épaisse fumée de la poudre brûlée. Les lignes ennemies se sont rompues et, bientôt, la déroute est totale. A l'évidence, les Tuniques Rouges ne s'attendaient pas à une telle détermination de votre part ! Rendez-vous au **43**.

224

En quelques pas, vous êtes à la lisière de la clairière. Puis, silencieusement, vous vous enfoncez dans la forêt, bondissant d'un arbre à un autre. Soudain, un léger bruit vous fait arrêter net. Scrutant l'obscurité, vous finissez par entrevoir une silhouette, à quelques mètres de vous. A ce moment, la lune se découvre, éclairant de sa lueur laiteuse un Rebelle. Sans hésiter, vous le mettez en joue. *Testez votre Adresse.* Si les dés vous sont favorables, rendez-vous au **14**. Sinon, rendez-vous au **100**.

225

A l'instant où vous faites signe à vos hommes de faire feu, l'une des sentinelles vous aperçoit et tire sur vous. *Testez votre Chance.* Si les dés vous sont favorables, rendez-vous au **220**. Sinon, rendez-vous au **279**.

226

La victoire est totale. Non seulement les deux casemates sont tombées, mais l'ensemble des défenses extérieures de Yorktown sont entre vos mains. Il suffirait, sans aucun doute, d'un seul et dernier assaut pour que la ville soit investie. Mais au prix de combien de vies humaines... Pendant trois jours, rien ne se passe. Au matin du quatrième jour, vous apprenez que les Anglais ont envoyé des parlementaires au quartier général de Washington. Enfin, le 19 octobre 1781, les Anglais capitulent. L'armée américaine a été disposée sur deux files se faisant face. Au son des tambours, les Tuniques Rouges sortent de Yorktown. Lentement, ils défilent entre les deux rangs américains. Arrivés à leur extrémité, ils jettent à terre armes, drapeaux et étendards puis, la tête basse, ils rentrent dans la ville. Rendez-vous au **299**.

227

Vous êtes frappé en plein cœur par la balle de l'un de vos concitoyens américains. Peut-être votre fidélité au roi n'était-il pas le choix le plus judicieux... Vous aviez compté sans l'ardeur et la détermination des Rebelles. Vos dernières pensées vont à votre famille que jamais plus vous ne reverrez. Votre aventure se termine ici.

228

Vous en êtes presque à regretter votre choix. Coincée entre une forêt impénétrable et le fleuve, la rive nord de la Mohawk est pratiquement impraticable. C'est en escaladant des rochers, en vous frayant difficilement un chemin dans d'épais taillis, en vous battant sans cesse contre des nuées de moustiques que vous parvenez, heure après heure, à avancer de quelques kilomètres. Au moins, c'est là votre avis, ne risquez-vous pas d'être attaqué par les Rebelles ! Rendez-vous au **141**.

229

Un incroyable réflexe vous propulse dans les fourrés où vous atterrissez brutalement, ce qui vous fait perdre 1 point d'Endurance. Mais le claquement de la

détonation a alerté les Loyalistes qui surgissent du bâtiment, l'arme à la main. D'un bond vous vous remettez sur pied.
— En avant ! hurlez-vous à l'adresse de vos hommes.
Rendez-vous au **10**.

230

Obéissant à l'ordre qui vient de vous être donné, vous descendez de cheval.
— Veuillez vous placer en queue de colonne, monsieur, vous dit le lieutenant.
En silence, vous regardez passer les soldats anglais qui défilent devant vous dans un ordre impeccable. Puis vous emboîtez le pas aux derniers hommes, le lieutenant toujours à vos côtés.
— Connaissez-vous les Rebelles qui nous attendent à Lexington ? vous demande-t-il.
— La plupart. Et, même si je ne suis pas d'accord avec eux, j'ai bien peur qu'ils se fassent massacrer. Que peuvent-ils faire contre une armée telle que la vôtre...
— S'ils ont un peu de bon sens, ils se rendront, réplique le lieutenant.
Après quelques heures de marche, vous arrivez enfin en vue de Lexington, au sommet d'une colline dominant la ville. De cette position, vous apercevez la grand-place, où se sont rassemblés une soixantaine de Minutemen. Parker est là, ainsi que tous vos voisins. Les Anglais se sont maintenant mis en ligne et, leur commandant en tête, ils commencent à avancer vers la ville insurgée. Arrivé à portée de voix, le commandant hurle :
— Rendez-vous, Rebelles ! Déposez vos armes, et rendez-vous au représentant du roi.
Un coup de feu claque pour toute réponse.

— Au pas de charge, et feu à volonté ! ordonne alors le commandant.
Baïonnette au canon, criant à pleins poumons, les Anglais s'élancent vers les Minutemen, sur lesquels s'abat un déluge de balles. Nombreux sont les hommes qui, touchés, s'écroulent sur le sol. Les survivants s'enfuient. Quelques minutes ont suffit aux Tuniques Rouges pour remporter la victoire. Rendez-vous au **169**.

231

La mission qui a été assignée à votre compagnie s'est révélée décevante. Et c'est quelque peu découragé que vous rejoignez votre régiment toujours cantonné à Montréal. Là, vous apprenez que les Rebelles ont réussi de jolis coups de main, ce qui ne fait qu'ajouter à votre amertume. Heureusement, trois jours après votre retour, on vous annonce que votre régiment va se mettre en route. Tout d'abord pour rejoindre les forces des Tuniques Rouges rassemblées dans la vallée de la Mohawk, ensuite pour converger, en leur compagnie, sur Albany où sont rassemblées d'autres troupes anglaises. Pris entre deux feux, les Rebelles n'ont aucune chance d'en réchapper. Rendez-vous au **12**.

232

Soudain, un coup part sur votre gauche. *Testez votre Chance.* Si les dés vous sont favorables, rendez-vous au **90**. Sinon, rendez-vous au **227**.

233

Précédant vos hommes, vous courez jusqu'au hangar dans lequel vous vous introduisez. Par chance, il est désert. Rapidement, vous examinez les lieux. Des montagnes de peaux sont empilées de tous côtés, au milieu de chariots dont la plupart sont dans un triste état. Mais ce qui attire surtout votre attention ce sont des barils de poudre soigneusement rangés dans un coin. Si vous les faisiez sauter, cela provoquerait un joli feu d'artifice ! De plus, l'explosion créerait une diversion dont vous pourriez profiter pour attaquer le comptoir sans grands risques. Si vous décidez de mettre ce plan à exécution, rendez-vous au **197**. Mais si vous préférez investir seul, et sans attendre, le comptoir, rendez-vous au **48**.

234

Faisant un pas en avant, vous dites :

— Je viens avec vous, sergent.

— Très bien, Deane. L'Indien, ajoute-t-il, tu nous accompagnes. Quant à vous autres, cachez-vous dans les taillis en attendant notre retour.

Pendant un kilomètre, environ, vous suivez la piste sans rien apercevoir de particulier. Sans rien entendre, non plus, sinon le lointain murmure des eaux de l'Hudson. Soudain, vous avez la certitude d'être observé et, avant même de pouvoir prévenir vos compagnons, une formidable masse surgit des taillis. Votre panique est telle que vous ne savez que faire : détaler à toutes jambes (rendez-vous au **170**) ou tirer sans sommation (rendez-vous au **161**) ?

235

Une balle vous manque de peu. Sans vous laisser impressionner, vous continuez d'avancer vers les soldats anglais. Vous devez vous rendre ; il n'y a pas d'autre issue. Rendez-vous au **260**.

236

Rapidement, vous rejoignez la colonne, et vous faites votre rapport à l'officier la commandant. En enten-

233 *Dans un coin, des barils de poudre attirent votre attention.*

dant le récit de vos aventures, il fronce les sourcils.
— Voilà qui est des plus fâcheux, dit-il. Sans doute tous les Rebelles de la région sont-ils maintenant au courant de notre présence. Nous...
Il n'a pas le temps de terminer sa phrase. En effet, un détachement de Loyalistes vient d'apparaître, poussant devant lui cinq Rebelles prisonniers. Les hommes qui vous ont attaqués ! Décidément, la chance est avec vous. Rendez-vous au **204**.

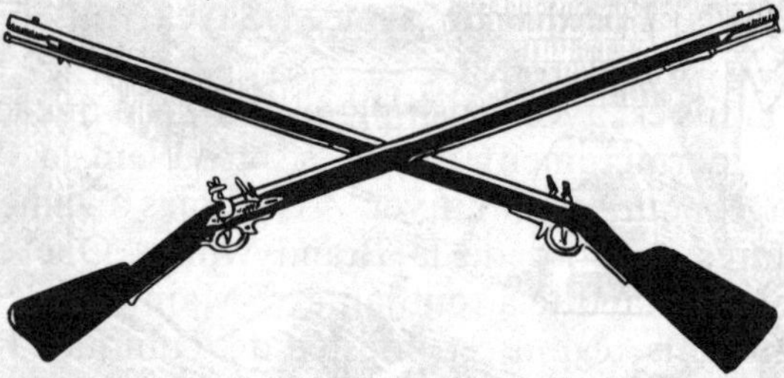

237

Au petit trot, vous poursuivez votre chemin à travers champs vers Lexington. Soudain, vous apercevez au loin les lueurs rougeoyantes d'un feu de camp. Mettant votre monture au pas, vous vous en approchez prudemment. Quelques Tuniques Rouges ont installé un camp de fortune pour passer la nuit, et ils se réchauffent, assis autour du feu, tout en commentant les événements de la journée.
— Sûr que si les officiers nous avaient laissés massacrer ces Rebelles lorsque nous avons traversé Lexington la première fois, nous n'aurions pas subi cette défaite en revenant de Concord, grommelle l'un d'eux.
Allez-vous faire un détour pour les éviter (rendez-vous au **135**) ou vous avancer vers eux (rendez-vous au **46**) ?

238

Enfin la chance vous sourit. Alors que vous arrivez dans les faubourgs de Princeton, vous croisez un pauvre chariot conduit par un vieil homme. Vous apercevant, il vous fait signe de vous arrêter.

— L'expression que je lis sur votre visage ne peut me tromper, vous dit-il. Vous êtes un Américain. Pas l'un de ces damnés Loyalistes. Et encore moins une vipère anglaise. Dites-moi si je me trompe !

— Vous avez raison, grand-père. Mais l'Américain que je suis a perdu son armée ! Savez-vous où se trouve Washington ?

— Mon fils est avec Washington. J'ai reçu une lettre de lui, dernièrement. Tous se trouvent à Valley Forge, pour passer l'hiver. A quelques dizaines de kilomètres au nord de la Brandywine... Que cette rivière soit maudite à tout jamais ! Maintenant, prenez garde : la région est infestée de Tuniques Rouges !

Et, sans plus vous prêter d'attention, il poursuit son chemin. Si vous décidez de rejoindre l'armée de Washington sans attendre, rendez-vous au **297**. Mais si vous pensez qu'il ne serait pas vain de donner une leçon aux Anglais, auparavant, rendez-vous au **66**.

239

Sans doute avez-vous porté de redoutables coups d'épée au grizzli, mais vous êtes hors d'halcine, et vous ne pourrez pas faire front pendant très longtemps. D'autant plus que vous avez reçu de nombreuses blessures. Alors que l'ours se lance une fois de plus sur vous, un coup de feu retentit. Lentement, le monstre s'effondre sur le sol. Tournant la tête, vous voyez le sergent, son arme fumante à la main.

— Vous l'avez échappé belle, mon garçon ! dit-il.

Puis, examinant vos blessures, il ajoute :

— Rien de grave. L'Indien va réparer tout ça. Après nous irons rejoindre les autres, car nous ne trouverons personne par ici.
Rendez-vous au **231**.

240

Lancez deux dés. Si le résultat obtenu est supérieur à 6, rendez-vous au **247**. Sinon, rendez-vous au **129**.

241

Testez votre Adresse pour chacun des trois adversaires que vous allez affronter. Mais aussi, à chaque fois, *Testez votre Chance* pour savoir si vous évitez leur riposte. Si vous réussissez à toucher les trois hommes sans qu'aucun ne réplique avec succès, rendez-vous au **29**. En revanche, si les dés vous sont défavorables, ne serait-ce qu'une fois, lorsque vous *Testez votre Chance,* rendez-vous au **258**.

242

Laissant les Indiens dans le sous-bois, vous vous précipitez vers les officiers commandant l'armée.
— Que se passe-t-il, Deane, demande un colonel ?
— N'attaquez pas, colonel, répondez-vous, quelque peu essoufflé. Il n'y a pas de Rebelles dans ce village. Des fermiers, des artisans, des femmes et des enfants. Nous pouvons le traverser sans problème ; personne ne s'opposera à nous.
— Êtes-vous aussi naïf que cela, Deane ? réplique le colonel. La région tout entière est aux mains des Rebelles. Pourquoi diable ce village serait-il une exception ? Allons, du courage ! Regagnez votre poste, et attaquez le premier. Je veux que ce village ne soit plus qu'un tas de cendres avant la fin de la journée !
Allez-vous obéir (rendez-vous au **272**) ou tenter de le convaincre coûte que coûte (rendez-vous au **209**) ?

243

Sans bruit, vous vous approchez du sergent commandant votre groupe.
— Sergent, sergent, réveillez-vous...
— Qu'y-a-t-il ? grogne-t-il en se frottant les yeux.
— Quelqu'un approche, sergent, murmurez-vous.
— Réveillez les autres, dit-il. J'envoie l'Indien en éclaireur.
Quelques minutes plus tard, l'Indien est de retour.
— Des Rebelles, lance-t-il calmement. Huit ou dix...
— Tous à plat ventre ! hurle le sergent. En cercle ! Et tenez-vous prêt à tirer !
Rendez-vous au **63**.

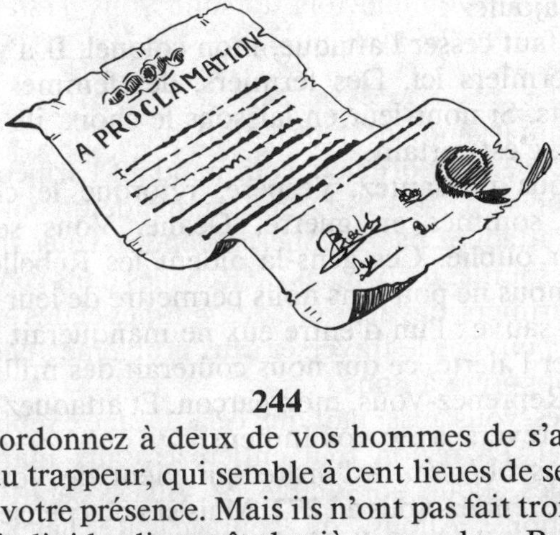

244

Vous ordonnez à deux de vos hommes de s'approcher du trappeur, qui semble à cent lieues de se douter de votre présence. Mais ils n'ont pas fait trois pas, que l'individu disparaît derrière un arbre. Pressentant un danger, vous rappelez vos éclaireurs ; mais trop tard ! Des coups de feu éclatent de toutes parts, décimant votre petit groupe. C'est miracle si les survivants parviennent à se mettre à l'abri. La situation est grave, et il vous faut prendre une décision sans tarder. Allez-vous battre en retraite (rendez-vous au **275**) ou riposter malgré les pertes que vous venez de subir (rendez-vous au **159**) ?

245

Le village est déjà presque entièrement investi lorsque vous l'atteignez. Vous voyant arriver hors d'haleine et la mine défaite, un officier se précipite vers vous.

— Que se passe-t-il, Deane ? vous demande-t-il. Sommes-nous tombés dans un piège ? Allons, mon garçon, parlez !

— Non, mon colonel, pas de piège, parvenez-vous à articuler.

Puis, après avoir rapidement repris votre souffle, vous ajoutez :

— Il faut cesser l'attaque, mon colonel. Il n'y a que des fermiers ici. Des fermiers, des femmes et des enfants. Si nous leur en laissons le choix, ils se rendront, c'est certain.

— Vous plaisantez, j'espère, rétorque le colonel. Nous sommes en guerre, Deane. Vous semblez l'avoir oublié. Ces gens-là aident les Rebelles. De plus, nous ne pouvons nous permettre de leur laisser la vie sauve : l'un d'entre eux ne manquerait pas de donner l'alerte, ce qui nous coûterait des milliers de vies. Reprenez-vous, mon garçon. Et attaquez ce village à revers, avec vos Indiens.

Si vous obéissez à l'ordre qui vient de vous être donné, rendez-vous au **272**. Mais si vous pensez pouvoir faire changer d'avis le colonel, rendez-vous au **209**.

246

Après avoir rassemblé les blessés, vous reprenez le chemin du fleuve. Satisfait, certes, d'avoir infligé de sévères pertes à l'ennemi, mais consterné de la mort de tant de vos compagnons. Rendez-vous au **102**.

247

Malchance, ou maladresse ? Toujours est-il que vous ne touchez aucun ennemi. Comme vous n'avez pas le temps de recharger vos armes, vous chargez à la tête de vos hommes. A peine êtes-vous à découvert qu'un feu nourri vous accueille ; deux de vos compagnons roulent à terre. Maintenant vous êtes à quatre contre quatre. L'épée à la main, vous vous ruez sur l'un de vos adversaires.

REBELLE HABILETÉ : 7 ENDURANCE : 3

Si vous êtes vainqueur, rendez-vous au **122**. Sinon, rendez-vous au **33**.

248

Les partisans du siège ont eu gain de cause. Boston est toujours coupé du reste de l'Amérique. Ce que voyant, les Tuniques Rouges gardant les avant-postes, et qui étaient trois fois moins nombreux que vous, se sont réfugiés dans la ville. Le 16 juin, vous vous joignez à une colonne de Minutemen chargée de contrôler les hauteurs dominant Boston. La nuit est tombée lorsque vous prenez position et, sous vos yeux, la ville resplendit de mille lumières. Dans le port, une légère houle fait danser les navires de guerre anglais. A l'aube, vous avez terminé de bâtir une solide ligne de défense au sommet de la colline — principalement composée de casemates. Bunker Hill ne va pas tarder à entrer dans l'Histoire. En attendant, vous êtes épuisé, comme tous vos compagnons. Aussi, c'est avec un plaisir sans égal que vous vous assoupissez sous le couvert d'un chêne. Il vous semble vaguement entendre les fracas des canons anglais, mais vous ne vous réveillez pas pour autant : leur portée est bien trop courte pour pouvoir vous atteindre. En début d'après-midi, vous êtes frais et dispos. Les Anglais aussi ! Ils ont fait passer des troupes sur la rive de la Charles River que vous dominez et, maintenant, trois longues lignes de Tuniques Rouges s'apprêtent à monter à l'assaut. Allez-vous rester à votre poste (rendez-vous au **162**) ou, cédant à la panique, jugez-vous plus prudent de vous enfuir (rendez-vous au **3**) ?

249

La petite garnison cède, cela ne fait pas l'ombre d'un doute. D'autant plus qu'il ne reste que peu d'hommes valides. Peut-être est-il encore temps d'épargner quelques vies. Aussi, dominant les fracas des combats, vous hurlez :

— Rendez-vous ! Il ne vous sera fait aucun mal !

Testez votre Diplomatie. Si les dés vous sont favorables, rendez-vous au **34**. Sinon, rendez-vous au **179**.

250

Vous passez les semaines suivantes en allant d'un village à l'autre, essayant avant tout d'éviter les Anglais. Ceux-ci ont adopté une tactique qui ne laisse pas de vous surprendre, vous et vos compagnons minutemen : en effet, ils se contentent de lancer quelques raids, comme si leur seul but était de vous décourager. Néanmoins, ils tiennent toujours Boston. Rendez-vous au **110**.

251

Avec un bruit mat, une balle s'enfonce dans le bois de votre siège. Mais vous êtes sain et sauf. Pendant quelques minutes, vous poursuivez votre route à

248 *Trois longues lignes de Tuniques Rouges s'apprêtent à monter à l'assaut.*

belle allure, ne ralentissant que lorsque vous avez la certitude que vous n'êtes pas poursuivi. Un kilomètre plus loin, un groupe de Minutemen surgissant des taillis vous oblige à vous arrêter. Après avoir jeté un rapide coup d'œil dans le chariot, l'un d'eux s'approche de vous.

— C'est des blessés que vous transportez là-dedans ? demande-t-il.

— C'est exact. Il faut que je trouve un médecin, et vite. A propos, nous venons de croiser des Tuniques Rouges. Des soldats isolés, je suppose.

— Venez avec nous. Vous allez nous conduire à l'endroit où vous les avez vus. John s'occupera des blessés. Au fait, dites-nous votre nom. Ainsi, nous pourrons vous ramener votre chariot.

— Deane. Nathan Deane, de Lexington. Ma ferme est au sud de la ville.

— Okay, Nathan. A présent, en route ! Nous allons montrer à ces maudits Tuniques Rouges de quel bois on se chauffe, dans ce pays ! On m'appelle Tobias.

Prenant la tête du petit groupe de Minutemen, vous revenez rapidement sur vos pas. Les Tuniques Rouges ne sont pas allés bien loin : à l'évidence, épuisés de toute la route qu'ils ont faite depuis le milieu de la nuit, ils se sont assis au bord du chemin pour se reposer. A peine les a-t-il aperçus que Tobias épaule son arme et fait feu, tuant net l'un des hommes.

— Ne tirez pas ! criez-vous. Vous voyez bien que ces hommes ne sont plus en état de se défendre !

— Et à Lexington, réplique brutalement Tobias, étions-nous en état de nous défendre contre eux ?

Les deux Anglais survivants ont réussi à disparaître dans les bosquets. Allez-vous tenter d'empêcher Tobias et ses hommes de les poursuivre (rendez-vous au **35**) ou au contraire les accompagner (rendez-vous au **114**) ?

252

Votre décision est prise : il est hors de question de déserter ! Néanmoins, vous ne pouvez vous empêcher de vous demander par quel miracle l'armée pourrait sortir indemne des privations qu'elle endure et, surtout, du manque de commandement. Jusqu'au jour de l'arrivée du baron von Steuben... Un Prussien, expert en stratégie, doué d'une incroyable autorité, et dont la seule présence va transcender les novices que vous êtes encore. Toute la fin de l'année se passe en manœuvres, en longues marches qui vous aguerrissent peu à peu. Pendant ce temps, les Anglais ont ébauché un vague plan de paix qui ne tarde pas à tourner court. Puis, ils abandonnent Philadelphie, se rendant compte qu'ils immobilisent là des forces en vain. Dans les premiers mois de 1778, Washington se met en route vers l'ouest. Peu de temps après, vous faites face à l'armée anglaise à Monmouth, petit village situé à mi-chemin de Philadelphie et de Trenton. Rendez-vous au **150**.

253

En poussant un cri sourd, votre adversaire s'effondre, entraînant dans sa chute une pile de sacs de grains. Vous en êtes venu à bout suffisamment vite pour que ses compagnons n'aient pas le temps d'intervenir mais, à présent, il va falloir leur faire front. C'est alors que vous entendez des hurlements provenant de l'extérieur. Quelques secondes plus tard vos hommes, alertés par le coup de mousquet, font irruption dans le comptoir. Le combat qui s'ensuit est des plus violents. Cependant, grâce à votre supériorité numérique, le comptoir est bientôt entre vos mains. C'est seulement à ce moment que vous réalisez les risques que vous avez pris : en voulant agir seul, vous auriez pu permettre à l'un des

Rebelles de s'échapper, et d'aller prévenir ses comparses de la présence des troupes loyalistes et anglaises ! Après avoir réuni vos hommes, vous rejoignez la colonne, et vous faites votre rapport à l'officier qui la commande. Rendez-vous au **204**.

254

— Je suis un fermier, mon capitaine, répondez-vous ; pas un soldat. Ce combat n'est pas le mien.

— Pas le vôtre ? Ce combat n'est pas le vôtre ? reprend Parker en réprimant difficilement sa colère. Mais nous nous battons pour nos droits ! Et ne vous rendez-vous pas compte que les Anglais nous écraseront si nous ne savons pas faire preuve du minimum de solidarité ? J'espère que vous êtes bien conscient, Nathan, ajoute-t-il, que je ne pourrais rien faire pour vous, dans le cas où nous serions victorieux, alors que vous nous auriez refusé votre aide...

Évidemment, dans cette dernière hypothèse, vos voisins risqueraient de vous mener la vie dure. Allez-vous néanmoins vous en tenir à votre décision (rendez-vous au **78**) ou changer d'avis (rendez-vous au **103**) ?

255

La vallée de la Mohawk se trouve à environ dix jours de marche. Dix jours de marche pour le moins ardus. Heureusement, les éclaireurs indiens sont là pour vous indiquer des pistes connues d'eux seuls. Au bout de quelques jours, votre uniforme est en loques. Et vous commencez à prendre l'allure d'un véritable aventurier. D'autant plus que les rudes étapes, votre mode de vie pour le moins précaire ainsi que la détermination dont vous faites preuve pour avancer, et sans cesse avancer, vous forgent une volonté d'acier. Malheur au Rebelle qui croisera votre chemin ! Néanmoins, il ne vous est pas donné l'occasion de combattre. Car les ordres sont stricts : éviter tout affrontement, les éclaireurs devant se charger des ennemis qui pourraient se dresser sur votre chemin. Rendez-vous au **137**.

256

Vous lancez votre cheval au grand galop vers le chariot que vous vous préparez à franchir d'un bond. Mais alors que vous n'en êtes plus qu'à quelques mètres, un bruit provenant des taillis fait faire un brusque écart à votre monture. *Testez votre talent d'Équitation.* Si les dés vous sont favorables, rendez-vous au **167**. Sinon, rendez-vous au **258**.

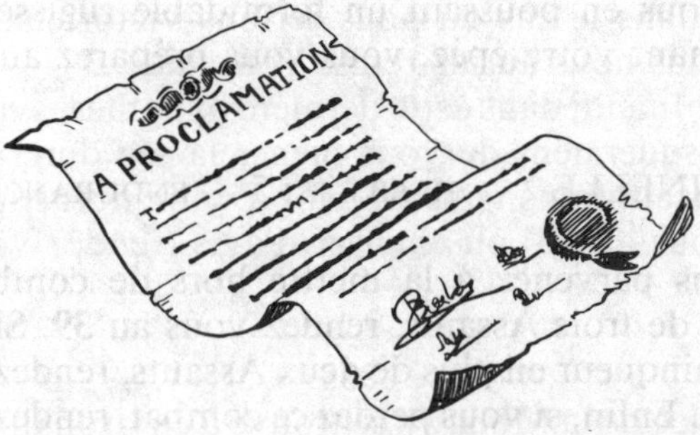

257

Vous dissimulant derrière tous les obstacles du terrain, vous avancez du plus vite que vous le pouvez vers le fortin. Il vous paraît maintenant évident que ce n'était pas vous que le canon visait mais, plus certainement, la colonne suivant l'autre rive. Bientôt, vous arrivez en vue du camp des Rebelles. Ils sont une vingtaine tout au plus et, pour l'instant,

toute leur attention est dirigée vers la rive sud de la Mohawk.
— A l'assaut ! hurlez-vous.
Rendez-vous au **194**.

258

Une balle vous atteint, et vous roulez à terre. Votre dernière pensée est pour votre famille, qui a eu la sagesse de quitter ce pays pour un avenir que vous lui souhaitez des plus heureux. Votre aventure se termine ici.

259

Vous bondissez sur la sentinelle, tentant de l'assommer d'un violent coup sur la nuque. Mais elle est bien plus robuste que vous ne le pensiez, et elle se tourne vers vous en poussant un formidable rugissement. Dégainant votre épée, vous vous préparez au combat.

SENTINELLE HABILETÉ : 7 ENDURANCE : 2

Si vous parvenez à la mettre hors de combat en moins de trois Assauts, rendez-vous au **39**. Si vous êtes vainqueur en plus de deux Assauts, rendez-vous au **184**. Enfin, si vous perdez ce combat, rendez-vous au **212**.

260

Faisant signe que vous vous rendez, vous sautez de selle.
— Un espion ! Nous avons attrapé un espion ! hurle un jeune Tunique Rouge.
— Cessez de dire des bêtises, dites-vous d'un ton sec. Je ne suis pas un espion. J'essaie tout simplement d'arriver à ma ferme avant que les Rebelles ne

l'incendient. Je suis fidèle au roi, et j'ai risqué ma vie en refusant de rejoindre la rébellion.

— Alors, pourquoi ne pas voyager de jour, comme quiconque n'a rien à cacher ?

— Pour éviter d'être mêlé à des combats qui ne me concernent pas ! Voilà tout.

Un sergent s'avance alors vers vous.

— Nous allons vous emmener avec nous. Jones, occupez-vous de son cheval.

Rendez-vous au **121**.

261

Par malchance, vous posez le pied sur une branche morte qui se brise dans un claquement sec. Se tournant dans votre direction, les deux sentinelles ouvrent le feu. *Testez votre Agilité.* Si les dés vous sont favorables, rendez-vous au **203**. Sinon, rendez-vous au **258**.

262

Votre patience est récompensée. Quinze minutes plus tard, un homme seul surgit des fourrés, portant sur l'épaule un énorme ballot de fourrures. Bien qu'il soit armé d'un fusil de chasse, il n'a pas le moins du monde l'allure d'un Rebelle. L'homme n'est qu'un trappeur et l'idée de la guerre lui est manifestement étrangère. Allez-vous vous approcher de lui pour l'interroger (rendez-vous au **244**) ou le laisser partir sans l'inquiéter (rendez-vous au **58**) ?

263

Vous vous éloignez du lieu des combats à toutes jambes, et vous ne vous arrêtez qu'au sommet d'une petite colline, à l'abri d'un bosquet. Jetant un coup d'œil derrière vous, vous constatez avec soulagement que les Tuniques Rouges ne vous poursuivent pas : ils ont maintenant tous traversé la Brandywine, et se regroupent avant de reprendre leur marche. Au loin, devant vous, vous apercevez les dernières lignes de l'arrière-garde de Washington. Rendez-vous au **31**.

264

Silencieusement, cinq de vos hommes viennent vous rejoindre. Allez-vous faire feu sur l'ennemi (rendez-vous au **240**), ou préférez-vous charger à la tête de vos hommes (rendez-vous au **155**) ?

265

Quelques secondes suffisent pour que vous soyez prêt à tirer de nouveau. La fumée s'est légèrement dissipée sur la place, ce qui vous permet de constater que la plupart de vos compagnons sont blessés ou morts, ou se sont enfuis. Ce qui vous permet d'apercevoir, également, un Tunique Rouge vous mettre en joue ! *Testez votre Chance* pour savoir s'il va vous toucher. Si les dés vous sont favorables, rendez-vous au **75**. Sinon, rendez-vous au **258**.

266

Au moment où le cavalier arrive à votre hauteur, vous faites signe à l'un des éclaireurs indiens qui, bondissant, le désarçonne et lui ôte la vie d'un coup de poignard en plein cœur. Un autre Indien a maîtrisé sa monture. Dans les fontes, vous découvrez une carte de la région prouvant, s'il en était besoin, que l'homme était un Rebelle. Revenant sur vos pas, vous rejoignez la colonne, et vous faites votre rapport à l'officier qui la commande. Rendez-vous au **204**.

267

Pendant un bon quart d'heure, qui vous paraît être un siècle, la fusillade est intense. Les Rebelles sont invisibles, se dissimulant derrière des arbres ou des buissons. Vos compagnons tirent à coups redoublés mais, il faut bien l'avouer, au jugé. Alors qu'ils offrent, en plein milieu de la clairière, des cibles de choix. Il faut leur venir en aide, sinon c'est la déroute ! Prudemment, vous vous enfoncez dans les taillis et, bientôt, il vous est possible d'apercevoir trois hommes. Ils vous tournent le dos, et sont bien trop occupés à tirer et à recharger leurs armes pour se rendre compte de votre présence. Posément, vous ajustez l'un d'eux. Votre balle l'atteint en pleine nuque. Votre arme rechargée, vous en visez un second que vous touchez au milieu du dos. Surpris par cette attaque, le troisième homme détale comme un lapin, ainsi que tous les autres Rebelles. Vous venez de remporter votre première bataille ! Lentement, vous revenez vers vos compagnons.

— Bravo, les gars ! Félicitations, Deane ! Nous leur avons fait leur affaire. Nous en avons eu au moins quatre, exulte le sergent en se relevant. Puis, s'adressant au Tunique Rouge, il ajoute :

— Quelles sont nos pertes, Baker ?

— Trois hommes, répond-il. Greene, Forgrave et Campbell.

— Paix à leur âme. Leur cause était juste, murmure le sergent. Quant à vous, ajoute-t-il en vous regardant l'un après l'autre, vous venez d'avoir le baptême du feu. Vous venez de comprendre que la guerre n'est pas un jeu d'enfants. Demain comme aujourd'hui, sachez toujours faire preuve de courage.

Rendez-vous au **97**.

268

— Walker, dites-vous, nous avons un compte à régler. Cette femme et ses enfants ne sont pas concernés. Battons-nous, puisque cela semble être ton désir le plus cher.

Pendant des secondes qui vous paraissent des heures, il hésite. Puis, dans un grognement, il vous répond :

— D'accord, Deane. Mais défends bien ta peau. Car si tu perds, ils sont tous les trois à moi.

Vous allez affronter ce redoutable adversaire à l'épée.

WALKER HABILETÉ : 7 ENDURANCE : 10

Si vous êtes vainqueur, rendez-vous au **192**. Sinon, rendez-vous au **214**.

269

Trois Tuniques Rouges vous ont aperçu et se ruent dans votre direction. Vous déchargez votre arme sur l'un d'eux qui s'écroule en poussant un cri. Puis, après avoir jeté votre mousquet maintenant inutile, vous dégainez votre épée pour affronter les deux autres.

	HABILETÉ	ENDURANCE
Premier SOLDAT	7	3
Second SOLDAT	4	2

Si vous êtes vainqueur, rendez-vous au **81**. Si vous êtes vaincu, rendez-vous au **212**.

270

Sans ajouter un mot, vous faites demi-tour. Et vous prenez la direction opposée à celle du village. Vous faites ainsi quelques pas jusqu'au moment où vous entendez, derrière vous, le claquement d'un pistolet que l'on arme. *Testez votre Chance*. Si les dés vous sont favorables, rendez-vous au **218**. Sinon, rendez-vous au **96**.

271

C'est en vain que vous affirmez au juge que vous vous êtes rendu chez le sergent recruteur pour vous engager aux côtés des Tuniques Rouges. Il refuse de vous croire. Pis, il interprète vos paroles.

— Ainsi, vous avez découvert où se situait le quartier général, dit-il. Et sans doute connaissez-vous le nombre exact des soldats de la garnison.

Vous avez beau protester, rien n'y fait.

— La loi martiale a été décrétée dans cette ville, reprend le juge. Ce qui signifie que tout suspect doit être pendu haut et court. C'est le jugement que je prononce contre vous, Deane. La sentence sera appliquée demain, à l'aube. Gardes, emmenez cet homme.

Votre aventure se termine ici.

272

Sans dire un mot, vous faites demi-tour et, après avoir rejoint les Indiens, vous vous élancez à leur tête vers le village. Les premiers habitants que vous croisez vous regardent les yeux ronds. Mais leur expression de surprise se transforme vite en air de terreur en voyant les rangs serrés des soldats anglais et loyalistes fondre sur eux. Quelques secondes suffisent pour que la moitié des maisons soient en feu. Des coups de mousquet éclatent de toutes parts. Quant à vous, vous ne savez quelle attitude adopter face à ce véritable massacre. Rendez-vous au **94**.

273

— Où diable courez-vous comme cela ? vous crie l'officier.

— Nous n'avons aucune chance contre les Anglais. Tout est perdu pour nous, répondez-vous en essayant de reprendre votre souffle.

— Si tous pensaient comme vous, alors adieu la liberté, adieu l'Amérique. Allons, du courage ! Regagnez votre poste !
Allez-vous revenir sur vos pas (rendez-vous au **123**) ou reprendre votre course (rendez-vous au **107**) ?

274

Les événements que vous avez vécus depuis votre départ de Montréal ne vous laissent aucun doute : les Rebelles sortiront vainqueurs de la guerre qu'ils ont engagée. Vouloir le nier serait exposer combien de vies humaines à la mort ? Aussi, votre décision est vite prise. Abandonnant le village, vous prenez la direction de Montréal. Un voyage risqué, certes, d'autant plus que vous êtes seul maintenant. Néanmoins, vous atteignez la ville sain et sauf. Un vieil horloger dont vous aviez fait la connaissance alors que votre régiment arrivait de New York accepte de vous héberger. Ou plutôt de vous cacher ; car n'êtes-vous pas un déserteur ?... C'est dans sa demeure que vous allez apprendre, cinq ans plus tard, la défaite anglaise de Yorktown, face aux Américains de Washington et aux Français de La Fayette. C'est également à Montréal que vous aurez connaissance de la signature du traité de Paris, le 3 septembre 1783, reconnaissant l'indépendance des États-Unis d'Amérique. Mais votre aventure est depuis longtemps terminée. Et voilà longtemps que Nathan Deane est devenu l'horloger le plus réputé du Canada tout entier !

275

Vous battez précipitamment en retraite ; heureusement, personne ne vous poursuit. Cette rencontre a été désastreuse, et il ne vous reste qu'à espérer que cela ne compromettra pas le succès de votre mission.
Rendez-vous au **236**.

276

— Le bruit court que les Tuniques Rouges ont incendié Concord et que toute la contrée est en rébellion ouverte contre eux, dit l'un des hommes.

— Nous devrions nous joindre aux Minutemen. Après, nous verrons, répondez-vous. Je crains fort que nous ne soyons en danger si nous restons ici. Allons préparer le chariot et partons pour Concord.

Ayant installé les blessés à l'arrière du chariot, vous vous apprêtez à partir, redoutant que le voyage ne soit très inconfortable pour les blessés. En chemin, vous croisez de nombreux groupes de Minutemen se dirigeant à travers champs vers Boston. Des coups de feu sporadiques éclatent de toutes parts, ce qui ne fait qu'accroître votre inquiétude. En fin de journée, deux cavaliers vous rattrapent. Ce sont des Minutemen ; probablement de Concord. Rendez-vous au **191**.

277

— Je dois vous laisser là, dites-vous à la femme. Bonne chance pour vous, et surtout pour vos deux enfants. J'espère qu'ils ne connaîtront jamais la guerre.

Avant de vous éloigner, vous lui donnez toutes les provisions ainsi que le peu d'argent que vous possédez. Les combats ont cessé dans le village. Sans doute faute de combattants. Mais il n'y a plus une maison, une chaumière qui ne soit en flammes. La tête basse, vous vous dirigez vers le gros de l'armée. Rendez-vous au **183**.

278

Raté ! Heureusement, vos compagnons sont plus adroits que vous ! Nombreux sont les Tuniques Rouges qui mordent la poussière. Surpris par une détermination à laquelle ils ne s'attendaient pas, les Anglais ont stoppé net leur assaut. Quelques instants plus tard, c'est la débandade. Cependant vous ne vous réjouissez pas trop, car vous connaissez la valeur de l'adversaire. Rendez-vous au **43**.

279

Frappé par une balle, vous roulez sur le sol. Déjà, vous sentez la vie vous abandonner. Votre dernière pensée sera pour votre famille que vous espérez heureuse, si loin, en Californie.

280

L'épée à la main, vous vous précipitez à la suite de vos compagnons, et vous dévalez l'autre versant de la colline à toutes jambes. Mais les Tuniques Rouges vous talonnent, tirant sans relâche. *Testez votre Agilité* pour savoir si vous êtes atteint. Si les dés vous sont favorables, rendez-vous au **72**. Sinon, rendez-vous au **9**.

281

La torche tombe en grésillant à l'intérieur de la chaumière. Tournant les talons, vous allez vous éloigner lorsque, à travers les crépitements du feu, vous entendez distinctement le déclic caractéristique d'un pistolet que l'on arme. *Testez votre Chance.* Si les dés vous sont favorables, rendez-vous au **91**. Sinon, rendez-vous au **190**.

282

L'homme ne vous a toujours pas vu, et pourtant vous n'êtes plus qu'à un mètre de lui ! Il va falloir le maîtriser en quelques secondes, et sans bruit, afin qu'il ne puisse donner l'alerte. *Testez votre Force.* Si les dés

281 *La torche tombe en grésillant à l'intérieur de la chaumière.*

vous sont favorables, rendez-vous au **101**. Sinon, rendez-vous au **259**.

283

Un bond prodigieux de votre cheval vous permet de franchir la haie au moment même où les Tuniques Rouges commençaient à tirer sur vous. Pendant quelque temps, vous poursuivez votre chemin au grand galop puis, estimant vous être suffisamment éloigné des Anglais, vous ralentissez l'allure. C'est alors que vous apercevez, au bas d'une colline, une multitude de points lumineux. Aucun doute n'est permis, il s'agit là du camp de l'armée rebelle ! Vous voilà pris entre deux feux... D'autant plus qu'un groupe d'hommes se dirige vers vous. Allez-vous faire demi-tour (rendez-vous au **19**) ou préférez-vous avancer au petit pas vers les hommes (rendez-vous au **125**) ?

284

Vous galopez pendant une heure ou deux puis, vous estimant suffisamment loin de Boston et du lieu des combats, vous ralentissez l'allure, et vous poursuivez votre chemin au petit trot. Il y a fort peu de chance pour que vous retrouviez un jour votre ferme. Mais qu'importe : vous êtes jeune, vous avez un peu d'argent, et l'Amérique est un pays plein d'avenir ! C'est donc le cœur léger que vous vous dirigez vers New York. Vous atteignez la ville quelques jours plus tard. Là, la colonie tout entière paraît en proie à une sourde excitation : en effet, si les Loyalistes sont encore les plus nombreux, la rébellion fait chaque jour de nouveaux adeptes. Bien que toujours fidèle au roi, vous préférez — au moins pour quelque temps — vous tenir à l'écart de toute activité politique. Rendez-vous au **142**.

285

Des jours, des semaines, des mois s'écoulent. Et vous marchez sans relâche vers le nord, en direction du Canada. Vous nourrissant du gibier que vous chassez, buvant l'eau des rivières que vous rencontrez, vous cachant de tout ce qui peut ressembler de près ou de loin à un Anglais ou à un Loyaliste. A un homme, tout simplement. Enfin, vous arrivez dans un village, non loin de Montréal. Il ne vous est pas difficile de vous faire engager comme ouvrier dans une petite ferme. Au moins avez-vous la vie sauve, mais sans doute regretterez-vous jusqu'à votre dernier souffle de n'avoir pas participé jusqu'au bout au combat pour l'indépendance des États-Unis d'Amérique.

286

Rien n'y fait. Vous avez beau essayer de convaincre vos hommes, ils ne vous écoutent pas. Bientôt, vous êtes seul. Seul face à 5 000 Anglais ! Allez-vous tenter de résister coûte que coûte (rendez-vous au **269**) ou jugez-vous plus sage de suivre l'exemple de vos hommes — c'est-à-dire de prendre la fuite (rendez-vous au **263**) ?

287

Vous voilà dans une situation des plus fâcheuses ! Et si vous ne vous montrez pas convaincant, vous n'allez pas tarder à vous balancer au bout d'une corde. *Testez votre Diplomatie.* Si les dés vous sont favorables, rendez-vous au **151**. Sinon, rendez-vous au **62**.

288

Sous une grêle de balles, vous sautez à cheval, et vous vous éloignez au grand galop. Votre seule chance d'échapper à la vindicte de vos voisins est de vous réfugier à Boston ; aussi vous en prenez la direction. La campagne fourmille de Minutemen se dirigeant, eux aussi, vers la ville. Mais, par chance, aucun ne vous prête la moindre attention. Enfin, vous arrivez en vue de Boston. Soudain, vous apercevez au loin un barrage établi par les Anglais, et barrant la route que vous suivez. Aussitôt vous ralentissez l'allure, et vous vous en approchez. Rendez-vous au **20**.

289

Une balle vous atteint en pleine tête, et la violence du choc vous catapulte quelques mètres en arrière. Votre dernière pensée est pour votre ferme, que jamais plus vous ne reverrez. Votre aventure se termine ici.

290

Avant même que vous n'ayez pu réagir, les Loyalistes vous chargent. La mêlée qui s'ensuit est confuse, mais ne tourne pas à votre avantage. Nombreux, en effet, sont les hommes de votre détachement qui s'effondrent, touchés à mort. Vous-même êtes dans une situation délicate : un homme se précipite sur vous avec une telle fougue qu'il vous porte le premier coup.

LOYALISTE HABILETÉ : 8 ENDURANCE : 3

Si vous êtes vainqueur, rendez-vous au **70**. Sinon, rendez-vous au **212**.

291

Suivant la rive du fleuve, vous avancez du plus vite que vous le pouvez pour ouvrir le chemin à la colonne. Dans le courant de l'après-midi l'un des éclaireurs indiens que vous aviez envoyés devant vous est de retour, pour vous dire qu'il a aperçu un cavalier que, selon lui, vous ne devriez pas tarder à croiser. Si, pensant qu'il s'agit d'un Rebelle, vous décidez de lui tendre une embuscade, rendez-vous au **28**. Mais si vous pensez qu'il vaut mieux ne pas

292 *Le petit port de Yorktown est totalement encerclé.*

dévoiler votre présence, et que, de toute façon, les forces qui vous suivent se chargeront de lui, rendez-vous au **37**.

292

Au début du mois d'octobre 1781, vous arrivez enfin devant Yorktown. Le petit port est totalement encerclé : sur terre par près de 20 000 hommes, tant américains que français, et deux cents canons ; sur mer par la flotte française. Si vous parvenez à prendre les défenses extérieures de la ville, le général anglais Cornwallis n'aura d'autre choix que de se rendre, ou de mourir de faim. Car il n'a aucune aide à attendre des autres chefs anglais, dont les armées sont bien trop éloignées. Mais ferez-vous partie des volontaires chargés de prendre ces défenses (rendez-vous au **145**), ou préférez-vous attendre tranquillement la suite des événements (rendez-vous au **178**) ?

293

Au moment même où vous pressez la détente, vous vous rendez compte que vous avez affaire à un ours gigantesque. Un grizzli ! Ayant tiré quelque peu rapidement, votre balle manque sa cible. Avant même que vous ayez pu dégainer votre épée, l'ours est sur vous. D'un formidable coup de patte en pleine poitrine, il vous expédie à terre. En grognant, les babines retroussées, il se dandine, prêt à vous déchiqueter. Soudain, alors que vous croyiez votre dernière heure arrivée, un coup de feu claque. L'espace d'un instant, l'énorme masse de l'animal paraît flotter dans les airs. Puis, lourdement, il s'écroule.

— Joli coup de fusil, n'est-ce pas, mon gars ? vous dit alors le sergent en vous aidant à vous remettre sur pied. Sûr que vous l'avez échappé belle. Allons

293 *Vous avez affaire à un ours gigantesque, un grizzli !*

rejoindre les autres, car nous ne trouverons rien par ici.
Rendez-vous au **231**.

294

Après avoir soigneusement visé, vous pressez la détente. Dans un bruit d'enfer, le canon de votre arme explose, projetant des éclats de métal qui vous labourent le bras. Les blessures ne sont heureusement que superficielles, mais vous perdez néanmoins 2 points d'Endurance. Plus grave : votre fusil est maintenant inutilisable. En jurant, vous le jetez loin de vous, cherchant des yeux une autre arme. Rendez-vous au **76**.

295

C'est cela la guerre : obéir aux ordres, quitte à se déjuger... Après tout, vous seul avez pris la décision d'y participer ; alors, il faut en subir les conséquences. Aussi, c'est le cœur lourd que vous répondez à l'homme qui vous a interpellé :
— C'est bon, Walker. Faites comme vous l'avez dit.
Vous détournant, vous observez la rive sud de la Mohawk, sur laquelle défile l'autre colonne. Au moins votre action aura-t-elle épargnée de nombreuses vies parmi les Loyalistes et les Anglais. Quelques coups de feu, derrière vous ; quelques cris également ; puis le silence. Quelque peu découragé, vous rassemblez vos compagnons et, revenant sur vos pas, vous rejoignez la colonne. Là, vous faites votre rapport aux officiers. Rendez-vous au **204**.

296

Il n'y a pas d'éclaireurs dans les champs alentour, et vous dépassez rapidement la colonne anglaise. Vous êtes par ailleurs servi par un léger brouillard qui vous permet de progresser rapidement sans être remarqué. Craignant d'avoir l'air suspect en gagnant la ville à travers champs, vous vous risquez enfin à rejoindre la route à quelques kilomètres de votre but. Alors que vous arrivez en vue de Boston, vous apercevez un barrage à une centaine de mètres devant vous. Ralentissant l'allure, vous vous en approchez prudemment. Rendez-vous au **20**.

297

C'est le 11 novembre 1777, soit exactement deux mois après la défaite de Brandywine, que vous rejoignez l'armée de Washington à Valley Forge. Une bonne nouvelle vous y attend : les 5 000 Tuniques Rouges qui occupaient la ville de Saratoga se sont rendus au général américain Gates voilà un mois. La victoire paraît possible, d'autant plus que les Français s'étant rangés à vos côtés, leur flotte va pouvoir briser le blocus de la marine anglaise ; et sans doute leurs soldats combattront-ils bientôt à vos côtés. En attendant, il vous faut passer l'hiver. Le froid est intense, et les provisions se font de plus en plus rares. A un point tel que les désertions se multiplient. Déjà plus de 2 000 hommes ! Vous-même commencez à douter. L'idée vous vient un jour d'abandonner l'armée. Si vous voulez agir ainsi, rendez-vous au **165**. Mais si, vous souvenant de votre devoir, vous décidez de faire face à la situation, rendez-vous au **252**.

298

Après avoir pris un peu d'élan, vous foncez, épaule en avant, vers la porte. Le choc est des plus douloureux, mais le battant de bois s'effondre dans un bruit d'enfer, et vous vous retrouvez dans un petit couloir faiblement éclairé. A droite vous distinguez les premières marches d'un escalier. Sans perdre un instant, vous les montez quatre à quatre, pour déboucher dans un grand hall. Une sentinelle somnole près d'un portail entrebâillé ; heureusement, elle vous tourne le dos. Vous déplaçant comme une ombre, vous passez derrière l'homme, et vous vous glissez au-dehors. Vous êtes maintenant dans une petite cour, ceinte d'un mur qu'il vous serait aisé de franchir. C'est alors que vous entendez un bruit, derrière vous, suivi d'un coup de feu. *Testez votre Chance.* Si les dés vous sont favorables, rendez-vous au **199**. Sinon, rendez-vous au **258**.

299

Si la bataille de Yorktown a été décisive, elle ne marque pas pour autant la fin de la guerre. En effet, sous les ordres du général Greene, les Anglais contrôlent encore le Sud du pays. Ils en seront les maîtres jusqu'à la fin de l'année 1782. Alors, seul New York restera entre leurs mains. Ce n'est qu'en septembre 1783 que la paix sera signée, à Paris, reconnaissant à tout jamais l'indépendance des États-Unis d'Amérique. Quelques mois plus tard, vous quittez l'armée, non sans une certaine tristesse. Néanmoins, vous souriez à l'idée de retrouver votre ferme que vous n'avez pas revu depuis le jour où un certain Parker... Mais non ! Il est temps de penser à l'avenir. Votre aventure se termine ici.

300

Le 14 octobre 1781, vous recevez l'ordre de relever la garnison d'une casemate commandant le système défensif extérieur de Yorktown. Après avoir passé l'inspection des sentinelles, vous vous préparez à passer une nuit blanche car, la veille, les Rebelles ont attaqué. Sans doute ont-ils été repoussés, mais vous vous doutez qu'il ne s'agissait là que de manœuvres de diversion précédant un assaut général. La nuit est maintenant tombée depuis quelques heures et, dehors, vous entendez les appels réguliers des hommes montant la garde. Alors que le sommeil allait vous gagner, une immense clameur vous fait bondir. Le mousquet à la main, vous vous précipitez hors de la casemate, suivi de vos compagnons. Mais trop tard ! Les Rebelles vous ont bel et bien surpris et, malgré une résistance désespérée, vous devez battre en retraite vers la ville, en laissant nombre de vos amis sur le terrain. Curieusement, l'ennemi ne pousse pas plus loin son avantage, alors qu'il lui serait certainement possible d'investir les lieux. Pendant les trois jours suivants, rien ne se passe. Enfin, le 19 octobre, vos officiers vous annoncent que le général Cornwallis a décidé de se rendre. Toute l'armée est rassemblée sur la grande place dans un ordre parfait. En tête, les tambours frappent les mesures d'une sombre marche. Vous vous mettez en route. Aux portes de la ville, l'armée rebelle s'est alignée sur deux rangs qui se font face. Lentement, vous défilez entre eux. Parvenu à leur extrémité, vous jetez votre mousquet sur le sol, comme l'ont fait avant vous tant de vos compagnons. Puis vous regagnez la ville, la tête basse. Dix jours plus tard, vous êtes démobilisé. C'est dans votre ferme, deux ans plus tard, que vous apprendrez la fin de la guerre, signée entre Anglais et Américains à Paris, au mois de septembre précédent. Avec quelque nostalgie, vous vous souvenez du jour où un certain capitaine Parker... non ! il ne faut pas revenir sur le passé. Vous êtes maintenant un fidèle citoyen des États-Unis d'Amérique, et l'avenir vous appartient ! Cette aventure se termine ici.

CONNAISSEZ-VOUS TOUTES LES SÉRIES DES LIVRES DONT **VOUS** ÊTES LE HÉROS ?

Série **Défis Fantastiques**

Le Sorcier de la Montagne de Feu
Steve Jackson et Ian Livingstone

La Citadelle du Chaos
Steve Jackson

La Forêt de la Malédiction
Ian Livingstone

La Galaxie Tragique
Steve Jackson

La Cité des Voleurs
Ian Livingstone

Le Labyrinthe de la Mort
Ian Livingstone

La Sorcière des Neiges
Ian Livingstone

Le Marais aux Scorpions
Steve Jackson et Ian Livingstone

Le Manoir de l'Enfer
Steve Jackson

Le Talisman de la Mort
Jamie Thomson et Mark Smith

L'île du Roi Lézard
Ian Livingstone

Le Mercenaire de l'Espace
Andrew Chapman

Le Temple de la Terreur
Ian Livingstone

Le Combattant de l'Autoroute
Ian Livingstone

Les Trafiquants de Kelter
Andrew Chapman

Planète Rebelle
Robin Waterfield

Rendez-vous avec la M.O.R.T.
Steve Jackson

Défis sanglants sur l'Océan
Andrew Chapman

Les Démons des Profondeurs
Steve Jackson

Série **Sorcellerie !**
par Steve Jackson

Les Collines Maléfiques

La Cité des Pièges

Les Sept Serpents

La Couronne des Rois

Série **Le Dragon d'Or**
par Dave Morris et Oliver Johnson

Le Tombeau du Vampire

Le Dieu Perdu

Le Seigneur de l'Ombre

La Malédiction du Pharaon

Le Château des Ames Damnées

Série **Loup Solitaire**
par Joe Dever et Gary Chalk

Les Maîtres des Ténèbres

La Traversée Infernale

Les Grottes de Kalte

Le Gouffre Maudit

Le Tyran du Désert

La Pierre de la Sagesse

Série **Loup* Ardent**
par J.H. Brennan

La Horde des Démons

Les Cryptes de la Terreur

L'Ultime Combat de la Horde

Les Maîtres du Mal

Série **La Quête du Graal**
par J.H. Brennan

Le Château des Ténèbres

L'Antre des Dragons

Les Portes de l'Au-delà

Le Voyage de l'Effroi

Au Royaume de l'Epouvante

Le Temps de la Malédiction

Le Tombeau des Maléfices

Série **Chroniques Crétoises**
par John Butterfield, David Honigmann et Philip Parker

La Vengeance d'Althéos

Le Labyrinthe du Roi Minos

L'Odyssée d'Althéos

Série **Portes Interdites**
par Ian et Clive Bailey

L'Horreur dans la Vallée

Terreur hors du Temps

Série **Astre d'Or**
par Ian Page et Joe Dever

Le Sorcier Majdar

La Cité Interdite

Achevé d'imprimer
le 2 janvier 1990
sur les presses de
l'imprimerie Hérissey
à Évreux (Eure)

N° d'imprimeur : 50075
Dépôt légal : janvier 1990
1er dépôt légal dans la même collection : Février 1988
ISBN 2-07-033485-6

Imprimé en France

48206